바레인 헌법

دستور مملكة البحرين

명지대학교중동문제연구소
중동국가헌법번역HK총서06

바레인 헌법
دستور مملكة البحرين

 명지대학교 중동문제연구소
معهد الدراسات لشؤون الشرق الأوسط

이 역서는 2010년 정부(교육과학기술부)의 재원으로 한국연구재단의 지원을 받아 수행된 연구임(NRF-2010-362-A00004)

머리말

　명지대학교 중동문제연구소는 2010년부터 10년 동안 한국연구
재단의 인문한국지원사업 해외지역연구 사업을 수행하고 있습니
다. "현대 중동의 사회변동과 호모이슬라미쿠스 : 샤리아 연구와
중동학 토대구축"이란 대주제 하에 종합지역 연구(아젠다), 종합지
역정보시스템 구축, 지역전문가 및 학문후속세대 양성, 국내외네트
워크 형성 및 협력 강화, 사회적 서비스 사업을 중점적으로 수행
하고 있습니다. 이러한 사업의 일환으로 중동문제연구소에서는 현
대 중동 국가들의 정체성을 가장 구체적으로, 가장 명료하게 표현
해 놓은 아랍어 헌법 원문을 우리 글로 번역 출판하는 작업을 하
고 있습니다. 2013년 5월 31일 『사우디아라비아 통치기본법』, 2014
년 4월 30일 『쿠웨이트 헌법』, 2014년 6월 30일 『아랍에미리트 헌
법』, 2015년 4월 30일 『카타르 헌법』, 2015년 5월 31일 『오만 술탄
국 기본법』을 번역 출판하였고, 이번에 『바레인 헌법』을 번역 출판
하게 되었습니다. 아랍어 원문의 의미에 가장 가까우면서도 독자
들이 가장 잘 이해할 수 있도록 번역하기 위해 언어학자, 정치학

자, 종교학자, 헌법학자들이 함께 했습니다.

헌법에는 한 국가의 정치적·경제적·사회적·문화적 정체성과 그 안에 살고 있는 사람들의 삶의 양태가 가장 포괄적으로 규정되어 있고, 그 헌법 규정 하에서 살고 있는 사람들은 사후적으로도 법 생활뿐 아니라 정치·경제 생활에서도 공통의 정향성을 형성하기 때문에 헌법을 이해하는 것은 그 국가 이해의 초석이 될 것입니다.

바레인은 헌법 제1편(국가) 제1조에서 바레인 국가의 성격을 "완전한 주권을 가진 독립적인 이슬람 아랍국이고, 국민은 아랍연맹의 일원이며, 영토는 대(大) 아랍국가의 일부"라고 규정하고 있고, 제2조에서 "종교는 이슬람이고 이슬람 샤리아가 입법의 주요 원천"이라고 규정하고 있습니다. 그 외 사유재산권(제9조), 인간의 존엄성과 노동의 권리 및 사회정의 원칙에 의거한 경제원칙(제13조), 법 앞의 평등권(제18조), 개인의 자유 및 각종 자유권(제19조-제31조) 등을 통해 바레인이 자유민주주의를 지향하고 있음을 보여주고 있습니다.

바레인은 인구 134만명(2015년)이 거주하며 우리나라 제주도의 절반보다 작은 섬나라로서 전체 인구의 약 85%가 무슬림입니다. 1인당 GDP는 2만 8천불(2014년)이고 아랍어를 공용어로 하고 있는 아랍국가입니다. 주요 산업은 석유이며 걸프국가들 중 처음으로 1935년에 정유회사가 설립되었으며, 403개의 은행과 금융기관이 있을 정도로 이슬람금융의 허브로 알려져 있습니다. 1971년 8월에 영국으로부터 독립했으며 2002년 2월에 개정 헌법이 공포되었습니다.

한국과 바레인 관계는 1976년 4월 17일 양국이 외교관계를 수립하고 같은 해 6월 주 바레인 대한민국대사관을 개설함으로써 시작되었습니다. 한편 바레인 측은 한국-바레인 외교관계에 대해서는 주 베이징 바레인대사관에서, 한국-바레인 경제관계에 대해서는 주 도쿄 바레인대사관에서 관할하고 있습니다. 한국과 바레인 간 정치, 경제 관계는 타 GCC국가들에 비해 낮은 편이며 향후로도 큰 변화는 없을 것으로 보입니다. 기본적으로 바레인의 경제규모가 크지 않으며 우리가 가장 필요로 하는 석유와 가스의 생산도 다른 GCC 국가들에 비해 소량이기 때문입니다. 그러나 〈바레인 경제비전 2030〉에 따른 한국-바레인 협력 분야를 적극적으로 찾아 상호 국가이익을 추구할 필요가 있습니다.

중동문제연구소는 중동연구의 기반 구축 사업의 일환으로 중동 주요 국가들의 헌법을 아랍어 원문에 충실하게 번역하는 우리나라 최초의 연구소입니다. 무슨 일이나 '최초'라는 것은 개척자라는 의미도 있지만 용기와 두려움을 필요로 합니다. 아랍어문학, 정치학, 이슬람학 전공자들이 번역하고, 헌법학 전공 교수의 감수를 받았음에도 세상에 내놓기에 두려움이 앞섭니다. 강의와 논문 작성 등 교수의 본업을 충실히 하면서도 꾸준히 공동번역과 여러 차례 교정작업을 했고 헌법학자의 감수를 거쳤습니다. 그럼에도 불구하고 아랍어 자체의 난해함과 언어문화나 언어구조가 우리와 다르고 단어의 다의미성으로 인해 독자 여러분이 읽기에 난해한 부분이 있을 것이고, 문맥상 오류도 발견될 것으로 보입니다. 독자들의 애정

어린 평가를 기대합니다.

바레인 헌법 번역 출판을 할 수 있도록 재정 지원을 해준 한국연구재단, 번역 작업에 참여한 김종도 교수, 정상률 교수, 임병필 교수, 박현도 교수와 감수를 맡아 꼼꼼히 읽고 평가해 주신 명지대 법과대학의 김주영 교수님께 감사를 드립니다.

2016년 1월 30일
명지대학교 중동문제연구소장 이종화

차례

바레인 헌법

자비롭고 자애로운 알라의 이름으로

바레인국의 아미르인 하마드 빈 이사 알 칼리파는 국민들이 국민투표에서 만장일치로 결정하였던 국민행동헌장에 명시된 내용에 의거하여, 헌법과 국민행동헌장을 승인한 2001년 제17호 아미르령을 검토한 후, 개정위원회 위원장이 2001년 제5조 칙령에서 일부 헌법 조항들에 문제를 제기한 바에 의거하여, 각료위원회가 이를 검토한 후에 이 개정된 헌법을 승인하고 공포한다.

دستور مملكة البحرين

بسم الله الرحمن الرحيم

نحن حمد بن عيسى آل خليفة أمير دولة البحرين
استناداً إلى ما ورد في ميثاق العمل الوطني الذي أجمع
عليه الشعب في الاستفتاء،
وبعد الإطلاع على الدستور، وعلى الأمر الأميري رقم
(١٧) لسنة ٢٠٠١ بالتصديق على ميثاق العمل
الوطني، وبناء على عرض رئيس لجنة تعديل بعض
أحكام الدستور المشكلة بالمرسوم رقم (٥) لسنة
٢٠٠١، وبعد إطلاع مجلس الوزراء، صدقنا على هذا
الدستور المعدل وأصدرناه.

바레인 아미르

하마드 빈 이사 알 칼리파

이 헌법은

히즈라력 1422년 두 알힛자월 2일에 해당하는

서력 2002년 2월 14일

알리파아 궁전에서 공포되었다.

أمير دولة البحرين
حمد بن عيسى آل خليفة

صدر في قصر الرفاع
بتاريخ: ٢ ذو الحجة ١٤٢٢هـ
الموافق: ١٤ فبراير ٢٠٠٢م

자비롭고 자애로운 알라의 이름으로
바레인 헌법

지고하시고 축복자이시며 후원자이신 알라의 이름으로, 바레인 왕국의 국왕인 나 하마드 빈 이사 알 칼리파는, 국가와 민족과 국제사회에 대한 모든 책임을 결심하고 확신하고 신뢰하고 인식하며, 알라와 국가와 국민들과 원칙과 인류에 대한 책임 의무를 인식한다.

그리고 우리 국가행동헌장이 포함하고 있는 원칙들에 대하여 만장일치로 결정하였던 국민의 염원을 수행하고, 우리의 위대한 국민이 헌법 개정을 위해 우리에게 위임했던 바를 실현하며, 사랑하는 우리 조국의 민주주의 통치 요구들이 완성되기를 염원하고, 발전의 장애물을 제거하기 위하여 조국과 국민들 간의 진지한 상호협력을 통한 번영, 발전, 성장, 안정, 복지를 더 많이 누리는 더

بسم الله الرحمن الرحيم
دستور مملكة البحرين

باسم الله تعالى، وعلى بركته، وبعون من لدنه، نحن حمد بن عيسى آل خليفة، ملك مملكة البحرين، تصميما ويقينا وإيمانا وإدراكا لكل مسئولياتنا الوطنية والقومية والدولية، وعرفانا بحق الله، وبحق الوطن والمواطنين، وبحق المبدأ والمسئولية الإنسانية.

وتنفيذا للإرادة الشعبية التي أجمعت على المبادئ التي تضمنها ميثاق عملنا الوطني، وتحقيقا لما عهد به إلينا شعبنا العظيم لتعديل الدستور، ورغبة في استكمال أسباب الحكم الديمقراطي لوطننا العزيز، وسعيا نحو مستقبل أفضل، ينعم فيه الوطن والمواطن بمزيد من الرفاهية والتقدم والنماء والاستقرار والرخاء في ظل تعاون جاد وبناء بين الحكومة والمواطنين يقضي على

나은 미래를 위해 노력하며, 미래와 그를 위한 노력이 다음 단계에서 우리 모두의 원칙이라는 것을 확신하고, 이러한 목표의 실현은 노력이 필요하다는 것을 믿으며, 우리의 과업을 완성하기 위해 기존의 헌법을 개정하였다.

이 개정은 국가행동헌장에 명문화된 모든 고귀한 가치들과 인류의 위대한 원칙들을 포함하였다. 이러한 가치들과 원칙들은 바레인 국민이, 지고하신 알라께서 허락하신 바, 밝은 미래를 향해 성공적인 행진을 시작했다는 것을 확인하였다. 미래는 모든 단체들과 개인들의 노력들이 합쳐진 것이며, 새로운 옷을 입은 권력들은 관대한 규범 아래 희망과 열망을 실현하기 위해 헌신하는 것이다. 영광스런 아랍움마에 가입하고 현재와 미래에 아랍 걸프국가들과 협력위원회가 연합함으로써 이슬람을 신앙으로 샤리아를 지침으로 고수할 것을 선언하고, 인류를 위한 정의, 복지, 평화를 실현할 수 있는 모든 것을 위해 노력한다.

معوقات التقدم، واقتناعا بأن المستقبل والعمل له هو رائدنا جميعا في المرحلة القادمة، وإيمانا بما يتطلبه تحقيق هذا الهدف من جهد، واستكمالاً للمسيرة قمنا بتعديل الدستور القائم.

وقد استوعب هذا التعديل جميع القيم الرفيعة والمبادئ الإنسانية العظيمة التي تضمنها الميثاق، والتي تؤكد أن شعب البحرين ينطلق في مسيرته المظفرة إلى مستقبل مشرق بإذن الله تعالى، مستقبل تتكاتف فيه جهود جميع الجهات والأفراد، وتتفرغ فيه السلطات في ثوبها الجديد لتحقيق الآمال والطموحات في عهد ظلله العفو، معلنا تمسكه بالإسلام عقيدة وشريعة ومنهاجاً، في ظل انتمائه إلى الأمة العربية المجيدة، وارتباطه بمجلس التعاون لدول الخليج العربية ارتباطاً حاضراً ومصيرياً، وسعيه إلى كل ما يحقق العدل والخير والسلام لكل بني الإنسان.

이 헌법 개정은 고귀한 바레인 국민이, 이슬람은 현세와 내세의 복리이며 무기력함이나 광신적인 행동이 아니라는 것을 믿는 것으로부터 비롯되었다. 너무도 명백한 사실은, 지혜는 어디서 그것을 발견하고 택하든지 간에 믿는 자의 목표이며, 성 코란은 어떠한 것도 소홀히 하지 않는다는 것이다.

이러한 목표를 실현하기 위해서 우리는 동서(東西)의 모든 인류 유산을 듣고 보아야만 하며, 사회와 인류의 조직들이 한 곳에서 다른 곳으로 변함 없이 전해지는 견고한 도구와 기구들이라는 것을 확신하고, 우리의 종교와 가치, 전통에 유익하고 적합하며 부합한다고 여겨지는 것을 채택해야만 한다. 그것은 인간의 이성, 영혼, 양심에 전해지는 메시지이며, 이는 사회의 반응과 환경에 영향을 받는다.

그러므로 이 헌법 개정은 사랑하는 조국의 발전하는 문명 사상을 대표하는 것이며, 우리의 정치제도를 이슬람

ولقد انبثقت تعديلات الدستور من أن شعب البحرين العريق مؤمن بأن الإسلام فيه صلاح الدنيا والآخرة، وأنه لا يعني الجمود ولا التعصب، وإنما يقرر في صراحة تامة أن الحكمة ضالة المؤمن أينما وجدها أخذها، وأن القرآن الكريم لم يفرط في شيء.

وتحقيقا لذلك كان من الضروري أن نمد السمع والبصر إلى كل تراث الإنسانية شرقا وغرباً، لنقتطف منه ما نراه نافعا وصالحا ومتفقا مع ديننا وقيمنا وتقاليدنا وملائما لظروفنا، اقتناعاً بأن النظم الاجتماعية والإنسانية ليست أدوات أو آلات جامدة تنتقل دون تغيير من مكان إلى آخر، وإنما هي خطاب إلى عقل الإنسان وروحه ووجدانه، تتأثر بانفعالاته وظروف مجتمعه.

وبذلك جاءت هذه التعديلات الدستورية ممثلة للفكر الحضاري المتطور لوطننا الغالي، فأقامت نظامنا السياسي على الملكية الدستورية القائمة على

최고의 통치 모델인 슈라(合議)에 기초한 입헌 왕정 위에 그리고 현대 정치사상의 기초인 국민의 권력 행사 참여의 토대 위에 이루어졌다. 통치자는 통찰력으로 국민들 중에서 경험 있는 사람들을 선택하여 슈라의회를 구성하고, 선거를 통해 학식 있고 고결하고 성실한 사람들을 선택하여 하원의회를 구성하며, 이 두 의회는 함께 국민적 소망을 실현하기 위해 국회를 대표한다.

의심할 바 없이 이 헌법 개정은 국왕과 국민들 간의 공동 염원을 반영하고, 모두를 위해 국가행동헌장이 포함했던 고상한 가치와 인류의 위대한 원칙들을 실현하며, 국민들 스스로가 능력과 준비로 도달할 수 있는 가장 높은 지위로 나아갈 수 있도록 보장하고, 위대한 역사에 동의하며, 세계의 문명화된 사람들 사이에서 적합한 자리를 차지할 수 있도록 허용한다.

우리가 공포했던 이 헌법은 개정되지 않은 국가행동헌장의 모든 조항들과 더불어 국가행동헌장에 완전하게

الشورى التي هي المثل الأعلى للحكم في الإسلام، وعلى اشتراك الشعب في ممارسة السلطة، وهو الذي يقوم عليه الفكر السياسي الحديث، إذ يختار ولي الأمر بفطنته بعض ذوي الخبرة من المواطنين ليتكون منهم مجلس الشورى، كما يختار الشعب الواعي الحر الأمين بالانتخاب من يتكون منهم مجلس النواب، ليحقق المجلسان معا الإرادة الشعبية ممثلة في المجلس الوطني.

ولا شك أن هذه التعديلات الدستورية تعكس إرادة مشتركة بين الملك والشعب، وتحقق للجميع القيم الرفيعة والمبادئ الإنسانية العظيمة التي تضمنها الميثاق، والتي تكفل للشعب النهوض إلى المنزلة العليا التي تؤهله لها قدراته واستعداداته، وتتفق مع عظمة تاريخه، وتسمح له بتبوُّء المكان اللائق به بين شعوب العالم المتمدين.

وقد تضمن هذا الدستور الذي أصدرناه التعديلات

언급되었던 바에 따라 이행되었던 개정들을 포함하였다.
우리는 그 규정들을 설명하기 위한 참고자료로 간주되
는 설명서를 첨부하였다.

التي أجريت وفقا لما جاء في الميثاق متكاملة مع كافة نصوصه غير المعدَّلة. وأرفقنا به مذكرة تفسيرية يعتبر ما ورد فيها مرجعاً لتفسير أحكامه.

제1편
국가

제1조

1. 바레인 왕국은 완전한 주권을 가진 독립적인 이슬람 아랍국이고, 국민은 아랍연맹[1]의 일원이며, 영토는 대(大)아랍국가의 일부이다. 주권의 양도나 영토의 어떠한 부분을 포기하는 것은 허용되지 않는다.

2. 바레인 왕국의 정체(政體)는 세습적 입헌 군주국으로서, 고(故) 알샤이크 이사 빈 살만 알 칼리파로부터 그의 장자인 알샤이크 하마드 빈 이사 알 칼리파 국왕에게로 이양되었다. 그 이후부터는 국왕이 생존 시에 장자가 아닌 다른 아들을 후계자로 임명하지 않는 한 대대손손 장자들에게로 이양된다. 그것은 다음 조항에 명시된 세습

الباب الأول
الدولة

(مادة ١)

أ‏– مملكة البحرين عربية إسلامية مستقلة ذات سيادة تامة، شعبها جزء من الأمة العربية، وإقليمها جزء من الوطن العربي الكبير، ولا يجوز التنازل عن سيادتها أو التخلي عن شيء من إقليمها.

ب‏– حكم مملكة البحرين ملكي دستوري وراثي، وقد تم انتقاله من المغفور له الشيخ عيسى بن سلمان آل خليفة إلى ابنه الأكبر الشيخ حمد بن عيسى آل خليفة ملك البلاد، وينتقل من بعده إلى أكبر أبنائه، وهكذا طبقة بعد طبقة، إلا إذا عين الملك قيد حياته خلفاً له ابناً آخر من أبنائه غير الابن الأكبر، وذلك طبقاً لأحكام مرسوم

칙령 조항들에 의한다.

3. 여타 세습 규정들은 헌법적 특성을 지닌 특별국왕칙령으로 제정되며, 헌법 제120조 규정에 의해서만 개정될 수 있다.

4. 바레인 왕국의 통치제도는 민주주의이며, 주권은 모든 권력의 근원인 국민에게 있고, 주권의 행사는 이 헌법에 명시된 방식에 따라 이루어진다.

5. 국민들은 남녀 모두 이 헌법과 법률이 정하는 조건과 원칙들에 따라서 공무에 참여할 권리와 선거권과 피선거권이 포함된 정치적 권리들을 누릴 수 있다. 법률에 의하지 않고는 어떠한 국민도 선거권과 피선거권을 박탈당할 수 없다.

6. 이 헌법은 부분적으로만 그리고 여기에 명시된 방식으로만 개정될 수 있다.

التوارث المنصوص عليه في البند التالي.

ج– تنظم سائر أحكام التوارث بمرسوم ملكي خاص تكون له صفة دستورية، فلا يجوز تعديله إلا وفقاً لأحكام (المادة ١٢٠) من الدستور.

د– نظام الحكم في مملكة البحرين ديمقراطي، السيادة فيه للشعب مصدر السلطات جميعا، وتكون ممارسة السيادة على الوجه المبين بهذا الدستور.

هـ– للمواطنين، رجالاً ونساءً، حق المشاركة في الشئون العامة والتمتع بالحقوق السياسية، بما فيها حق الانتخاب والترشيح، وذلك وفقاً لهذا الدستور وللشروط والأوضاع التي يبينها القانون. ولا يجوز أن يحرم أحد المواطنين من حق الانتخاب أو الترشيح إلا وفقاً للقانون.

و– لا يعدل هذا الدستور إلا جزئيا وبالطريقة المنصوص عليها فيه.

제2조

국가의 종교는 이슬람이고,[2] 이슬람 샤리아[3]는 입법(立法)
의 주요 원천이며, 공식 언어[4]는 아랍어이다.

제3조

왕국의 국기(國旗),[5] 문장(紋章), 휘장(徽章), 훈장(勳章),
국가(國歌)[6]는 법률로 규정한다.

(مادة ٢)

دين الدولة الإسلام، والشريعة الإسلامية مصدر رئيسي للتشريع، ولغتها الرسمية هي اللغة العربية.

(مادة ٣)

يبين القانون علم المملكة وشعارها وشاراتها وأوسمتها ونشيدها الوطني.

제2편
사회의 기본구성요소

제4조

정의는 통치의 기초이며, 상호협력과 상호부조는 국민들 간의 견고한 연결고리이다. 국민들 간의 자유, 평등, 안전, 평안, 지식, 사회적 연대책임, 기회 균등은 국가에 의해 보장된 사회의 초석이다.

제5조

1. 가족은 사회의 기초이며, 가족의 토대는 종교, 도덕, 애국심이다. 법률은 가족의 합법적 실체를 보호하고, 가족의 결속과 가치를 강화하며, 가족 내에서 어머니들과 아이들을 보호한다. 법률은 젊은이들을 돌보며, 그들을

الباب الثاني
المقومات الأساسية للمجتمع

(مادة ٤)

العدل أساس الحكم، والتعاون والتراحم صلة وثقى بين المواطنين، والحرية والمساواة والأمن والطمأنينة والعلم والتضامن الاجتماعي وتكافؤ الفرص بين المواطنين دعامات للمجتمع تكفلها الدولة.

(مادة ٥)

أ- الأسرة أساس المجتمع، قوامها الدين والأخلاق وحب الوطن، يحفظ القانون كيانها الشرعي، ويقوي أواصرها وقيمها، ويحمي في ظلها الأمومة والطفولة، ويرعى النشء، ويحميه من الاستغلال، ويقيه الإهمال

착취로부터 보호하고, 도덕적·육체적·정신적으로 무시당하는 것을 보호한다. 또한 국가는 젊은이들의 육체적·도덕적·이성적 발달에 관심을 갖는다.

2. 국가는 가족에 대한 여성의 의무와 사회에서의 업무 간의 조정을 보장하며, 이슬람 샤리아의 규정들을 위반하지 않고 정치·사회·문화·경제 분야에서 남자들과 평등함을 보장한다.

3. 국가는 노령, 질병, 노동 무능력, 고아, 과부, 실업 상태의 국민들에게 필수적인 사회보장 실현을 보장한다. 또한 그들에게 사회보험과 의료서비스들을 보장하며, 무지와 두려움, 빈곤으로부터 그들을 보호하기 위해 노력한다.

4. 상속은 이슬람 샤리아가 규정하는 보장된 권리이다.[7]

제6조

국가는 아랍과 이슬람 유산을 보호하며, 인류문명 발달

الأدبي والجسماني والروحي. كما تُعنى الدولة خاصة بنمو الشباب البدني والخلقي والعقلي.

ب– تكفل الدولة التوفيق بين واجبات المرأة نحو الأسرة وعملها في المجتمع، ومساواتها بالرجال في ميادين الحياة السياسية والاجتماعية والثقافية والاقتصادية دون إخلال بأحكام الشريعة الإسلامية.

ج – تكفل الدولة تحقيق الضمان الاجتماعي اللازم للمواطنين في حالة الشيخوخة أو المرض أو العجز عن العمل أو اليتم أو الترمل أو البطالة، كما تؤمن لهم خدمات التأمين الاجتماعي والرعاية الصحية، وتعمل على وقايتهم من براثن الجهل والخوف والفاقة.

د– الميراث حق مكفول تحكمه الشريعة الإسلامية.

(مادة ٦)
تصون الدولة التراث العربي والإسلامي، وتسهم في

에 동참한다. 국가는 이슬람국가들 간의 유대 강화를 위해 노력하며, 통합과 발전에 대한 아랍움마[8]의 열망을 실현하기 위해 노력한다.

제7조

1. 국가는 과학, 인문학, 예술을 후원하고, 과학적 연구를 장려하며, 또한 국민들에게 교육적·문화적 서비스를 보장한다. 교육은 법률이 구체적으로 규정하는 바에 따라서 1단계(초등 단계)에서는 의무이고 무료이다. 법률은 문맹 퇴치를 위해 필요한 계획을 입안한다[9].

2. 법률은 교육의 다양한 단계와 종류로 종교적·민족적 교육을 유지할 방식들을 제정하며, 이 모두는 국민들의 개성 강화와 아랍민족주의의 강화에 관심을 둔다.

3. 개인과 단체는 국가의 감독 하에 법률 규정에 따라서 사립학교와 대학교를 설립할 수 있다.

ركب الحضارة الإنسانية، وتعمل على تقوية الروابط بين البلاد الإسلامية، وتحقيق آمال الأمة العربية في الوحدة والتقدم.

(مادة ٧)

أ- ترعى الدولة العلوم والآداب والفنون، وتشجع البحث العلمي، كما تكفل الخدمات التعليمية والثقافية للمواطنين، ويكون التعليم إلزاميا ومجانيا في المراحل الأولى التي يعينها القانون وعلى النحو الذي يبين فيه. ويضع القانون الخطة اللازمة للقضاء على الأمية.

ب- ينظم القانون أوجه العناية بالتربية الدينية والوطنية في مختلف مراحل التعليم وأنواعه، كما يُعنى فيها جميعا بتقوية شخصية المواطن واعتزازه بعروبته.

ج- يجوز للأفراد والهيئات إنشاء المدارس والجامعات الخاصة بإشراف من الدولة، ووفقاً للقانون.

4. 국가는 배움터의 신성함을 보장한다.

제8조

1. 모든 국민은 건강 보호를 받을 권리가 있고, 국가는 공중보건에 관심을 가지며, 다양한 종류의 병원들과 의료기관들의 설립을 통해 예방과 치료 수단들을 보장한다.

2. 개인과 단체는 국가의 감독 하에 법률 규정에 따라서 병원, 진료소, 치료센터를 설립할 수 있다.

제9조

1. 소유권, 자본, 노동은 이슬람의 정의 원칙에 따라서 국가의 사회적 실체와 국가의 부(富)를 위한 기본구성요소들이며, 법률에 의한 규율 하에 사회적 기능을 수행하는 개인적인 권리들이다.

د- تكفل الدولة لدُور العلم حرمتها.

(مادة ٨)

أ- لكل مواطن الحق في الرعاية الصحية، وتعنى الدولة بالصحة العامة، وتكفل وسائل الوقاية والعلاج بإنشاء مختلف أنواع المستشفيات والمؤسسات الصحية.

ب- يجوز للأفراد والهيئات إنشاء مستشفيات أو مستوصفات أو دُور علاج بإشراف من الدولة، ووفقاً للقانون.

(مادة ٩)

أ- المِلكية ورأس المال والعمل، وفقاً لمبادئ العدالة الإسلامية، مقومات أساسية لكيان الدولة الاجتماعي وللثروة الوطنية، وهي جميعا حقوق فردية ذات وظيفة اجتماعية ينظمها القانون.

2. 공공재산은 불가침이며, 그것의 보호는 모든 국민의 의무이다.

3. 사유재산의 보호는 보장되며, 어느 누구도 법률의 테두리 내가 아니고서는 자신의 재산을 처분하는 것을 금지할 수 없다. 법률에 명시된 상황 내에서 공적 편의, 법률에 명시된 방식, 그것에 대한 보상이 공정하다는 조건이 아니고서는 어느 누구도 자신의 재산이 몰수되지 않는다.

4. 재산의 공적 수용은 금지되며, 사적 수용은 법률에 규정된 경우 법원의 결정에 의해서만 벌칙으로 부과될 수 있다.

5. 사회정의를 고려한 경제원칙을 바탕으로 부동산 소유자, 임대인, 임차인의 관계는 법률로 규정한다.

6. 국가는 한정된 수입을 가진 국민들에게 주택을 제공하기 위해 노력한다.

7. 국가는 농업에 적합한 토지들을 개발하기 위해 필요

ب – للأموال العامة حرمة، وحمايتها واجب على كل مواطن.

ج – الملكية الخاصة مصونة، فلا يمنع أحد من التصرف في مِلكه إلا في حدود القانون، ولا ينزع عن أحد ملكه إلا بسبب المنفعة العامة في الأحوال المبينة في القانون، وبالكيفية المنصوص عليها فيه، وبشرط تعويضه عنه تعويضا عادلا.

د – المصادرة العامة للأموال محظورة، ولا تكون عقوبة المصادرة الخاصة إلا بحكم قضائي في الأحوال المبينة بالقانون.

هـ – ينظم القانون، على أسس اقتصادية، مع مراعاة العدالة الاجتماعية، العلاقة بين ملاك الأراضي والعقارات ومستأجريها.

و – تعمل الدولة على توفير السكن لذوي الدخل المحدود من المواطنين.

ز – تتخذ الدولة التدابير اللازمة من أجل تحقيق

한 법령을 채택하고, 농부들의 수준을 높이기 위해 노력하며, 소작농들이 지원을 받아 토지를 소유할 수 있는 수단들을 법률로 규정한다.[10]

8. 국가는 환경 보존과 야생(野生)의 보호에 필요한 법령을 채택한다.

제10조

1. 국가경제는 사회정의에 기초하고, 공적·사적 직무 간의 공정한 협력에 의해 강화된다. 국가경제의 목적은 법률의 테두리 내에서 계획에 의거하여 경제발전과 국민복리를 실현하는 것이다.

2. 국가는 걸프협력회의[11] 국가들과 아랍연맹 국가들의 경제 통합을 실현하기 위해 노력하고, 그들 간의 친선, 상호협력, 상호원조, 상호협조를 이끌어내기 위한 모든 노력을 기울인다.

استغلال الأراضي الصالحة للزراعة بصورة مثمرة، وتعمل على رفع مستوى الفلاح، ويحدد القانون وسائل مساعدة صغار المزارعين وتمليكهم الأراضي.

ح- تأخذ الدولة التدابير اللازمة لصيانة البيئة والحفاظ على الحياة الفطرية.

(مادة ١٠)

أ- الاقتصاد الوطني أساسه العدالة الاجتماعية، وقوامه التعاون العادل بين النشاط العام والنشاط الخاص، وهدفه التنمية الاقتصادية وفقا لخطة مرسومة، وتحقيق الرخاء للمواطنين، وذلك كله في حدود القانون.

ب- تعمل الدولة على تحقيق الوحدة الاقتصادية لدول مجلس التعاون لدول الخليج العربية ودول الجامعة العربية، وكل ما يؤدي إلى التقارب والتعاون والتآزر والتعاضد فيما بينها.

제11조

모든 천연재산과 천연자원[12]은 국가의 소유이며, 국가 안보와 국가경제의 필요성을 고려하여 국가가 그것을 보호하고 올바르게 개발한다.

제12조

국가는 재앙과 일반적인 재난으로부터 발생된 부담을 감당함에 있어 사회적 연대를 보장하며, 전쟁이나 국방 의무 수행으로 인한 피해자들에 대한 보상을 보장한다.

제13조

1. 인간의 존엄성과 공공복리를 위해 필요한 노동은 모든 국민의 의무이며, 모든 국민에게는 공공질서와 도덕에 의하여 일할 권리와 직업을 선택할 권리가 있다.
2. 국가는 국민에게 노동의 기회와 조건이 공평하게 제공되도록 보장한다.

(مادة ١١)

الثروات الطبيعية جميعها ومواردها كافة ملك للدولة،
تقوم على حفظها وحسن استثمارها، بمراعاة
مقتضيات أمن الدولة واقتصادها الوطني.

(مادة ١٢)

تكفل الدولة تضامن المجتمع في تحمل الأعباء الناجمة
عن الكوارث والمحن العامة وتعويض المصابين بأضرار
الحرب أو بسبب تأدية واجباتهم العسكرية.

(مادة ١٣)

أ- العمل واجب على كل مواطن، تقتضيه الكرامة
ويستوجبه الخير العام، ولكل مواطن الحق في العمل
وفي اختيار نوعه وفقا للنظام العام والآداب.
ب- تكفل الدولة توفير فرص العمل للمواطنين
وعدالة شروطه.

3. 강제 노동은 국가 긴급사태나 공정한 보상이 법률로 규정된 경우나 법원의 판결에 의하는 경우를 제외하고는 부과될 수 없다.

4. 사회정의 원칙에 의거한 경제 원칙들에 따라 근로자와 사용자 간의 관계는 법률로 규정한다.

제14조

국가는 상호협력과 저축을 장려하며, 신용체계를 감독한다.

제15조

1. 조세와 공공비용은 사회정의에 토대를 두며, 이의 수행은 법률에 의거한 의무이다.

2. 저 소득의 조세 면제는 법률로 규정하며, 생계에 필요한 최저 한도를 편견 없이 보장한다.

ج- لا يجوز فرض عمل إجباري على أحد إلا في الأحوال التي يعينها القانون لضرورة قومية وبمقابل عادل، أو تنفيذا لحكم قضائي.

د- ينظم القانون، على أسس اقتصادية مع مراعاة قواعد العدالة الاجتماعية، العلاقة بين العمال وأصحاب الأعمال.

(مادة ١٤)
تشجع الدولة التعاون والإدخار، وتشرف على تنظيم الائتمان.

(مادة ١٥)
أ- الضرائب والتكاليف العامة أساسها العدالة الاجتماعية، وأداؤها واجب وفقاً للقانون.

ب- ينظم القانون إعفاء الدخول الصغيرة من الضرائب بما يكفل عدم المساس بالحد الأدنى اللازم للمعيشة.

제16조

1. 공직은 그것을 수행하는 사람들에게 위탁된 국가의 서비스이며, 공무원들은 공익을 목표로 직무를 수행한다. 외국인은 법률이 규정하는 상황이 아니고서는 공무를 담당할 수 없다.

2. 국민들은 법률이 규정하는 조건에 의거하여 공무를 담당함에 있어서 동등하다.

(مادة ١٦)

أ- الوظائف العامة خدمة وطنية تناط بالقائمين بها، ويستهدف موظفو الدولة في أداء وظائفهم المصلحة العامة. ولا يولى الأجانب الوظائف العامة إلا في الأحوال التي يبينها القانون.

ب- المواطنون سواء في تولي الوظائف العامة وفقا لشروط التي يقررها القانون.

제3편
공적 권리와 의무

제17조

1. 바레인 국적은 법률로 규정하며, 대역죄나 법률이 규정하는 여타 상황들이 아니고서는 바레인 국적을 가진 사람이 국적을 박탈당하지 않는다.

2. 바레인 사람을 바레인으로부터 추방하거나 바레인으로의 귀환을 막는 것은 금지된다.

제18조

인간은 존엄성에서 동등하며, 국민들은 공적 권리와 의무에 있어서 성별, 출신, 언어, 종교, 신앙으로 인한 차별 없이 법 앞에 평등하다.

الباب الثالث
الحقوق والواجبات العامة

(مادة ١٧)

أ– الجنسية البحرينية يحددها القانون، ولا يجوز إسقاطها عمن يتمتع بها إلا في حالة الخيانة العظمى، والأحوال الأخرى التي يحددها القانون.

ب– يحظر إبعاد المواطن عن البحرين أو منعه من العودة إليها.

(مادة ١٨)

الناس سواسية في الكرامة الإنسانية، ويتساوى المواطنون لدى القانون في الحقوق والواجبات العامة، لا تمييز بينهم في ذلك بسبب الجنس أو الأصل أو اللغة أو الدين أو العقيدة.

제19조

1. 개인의 자유는 법률에 의거하여 보장된다.

2. 사람의 체포, 억류, 구금, 수색, 가택연금, 체류나 이주의 자유를 제한하는 것은 법률 규정과 사법부의 감독에 의하지 아니하고서는 허용되지 않는다.

3. 보건과 사회보호 그리고 사법부의 감독이 포함된 행형법(行刑法)[13]들에 지정된 장소가 아닌 곳에서의 체포나 구금은 허용되지 않는다.

4. 어느 누구도 육체적이거나 정신적인 고문, 유도심문, 존엄성이 실추되는 대우를 받지 않으며, 그러한 행위를 한 자에 대한 처벌은 법률로 규정한다. 고문, 유도심문, 그러한 대우, 그 어느 하나에 의한 위협으로 인한 모든 진술이나 자백은 무효이다.

제20조

1. 법률에 의하지 아니하고서는 어떠한 범죄도 처벌도

(مادة ١٩)

أ– الحرية الشخصية مكفولة وفقاً للقانون.

ب– لا يجوز القبض على إنسان أو توقيفه أو حبسه أو تفتيشه أو تحديد إقامته أو تقييد حريته في الإقامة أو التنقل إلا وفق أحكام القانون وبرقابة من القضاء.

ج– لا يجوز الحجز أو الحبس في غير الأماكن المخصصة لذلك في قوانين السجون المشمولة بالرعاية الصحية والاجتماعية والخاضعة لرقابة السلطة القضائية.

د– لا يعرّض أي إنسان للتعذيب المادي أو المعنوي، أو للإغراء، أو للمعاملة الحاطة بالكرامة، ويحدد القانون عقاب من يفعل ذلك. كما يبطل كل قول أو اعتراف يثبت صدوره تحت وطأة التعذيب أو بالإغراء أو لتلك المعاملة أو التهديد بأي منها.

(مادة ٢٠)

أ– لا جريمة ولا عقوبة إلا بناء على قانون، ولا عقاب

없으며, 그것을 명시하고 있는 법적 효력과 관련된 행위
들이 아니고서는 어떠한 처벌도 할 수 없다.

2. 처벌은 개인적이다.

3. 피고인은 법률에 의거한 모든 수사와 재판 단계에서
방어권을 행사하기 위해 필요한 보장책들을 보증하는
법적 판결에서 유죄가 입증될 때까지는 무죄이다.

4. 피고인에게 육체적으로나 정신적으로 해를 가하는 것
은 금지된다.

5. 중범죄를 저지른 모든 피고인에게는 그의 동의로 그
를 방어할 변호사가 있어야 한다.

6. 소송의 권리는 법률에 의거하여 보장된다.

제21조

정치 난민[14]의 인도는 금지된다.

إلا على الأفعال اللاحقة للعمل بالقانون الذي ينص عليها.

ب- العقوبة شخصية.

ج- المتهم بريء حتى تثبت إدانته في محاكمة قانونية تؤمن له فيها الضمانات الضرورية لممارسة حق الدفاع في جميع مراحل التحقيق والمحاكمة وفقاً للقانون.

د- يحظر إيذاء المتهم جسمانيا أو معنويا.

هـ- يجب أن يكون لكل متهم في جناية محام يدافع عنه بموافقته.

و- حق التقاضي مكفول وفقاً للقانون.

(مادة ٢١)

تسليم اللاجئين السياسيين محظور.

제22조

양심의 자유는 절대적이며, 국가는 기존의 관습에 따라 예배 장소의 불가침과 종교의식의 수행, 행진, 종교 모임의 자유를 보장한다.

제23조

의견과 학문 연구의 자유는 보장된다. 모든 사람에게는 말이나 글 또는 그 외의 방법으로 자신의 의견을 표현하고 출판할 권리가 있으며, 이는 법률이 규정하는 조건과 상황에 따른다. 이는 이슬람 신앙의 원칙들과 국민통합을 편견 없이 침해하지 않아야 하며, 분열이나 종파주의를 불러일으키지 않아야만 한다.

제24조

이전 조항 규정에 의거하여 언론·인쇄·출판의 자유는 법률이 규정하는 조건과 상황에 따라 보장된다.

(مادة ٢٢)

حرية الضمير مطلقة، وتكفل الدولة حرمة دُور العبادة، وحرية القيام بشعائر الأديان والمواكب والاجتماعات الدينية طبقا للعادات المرعية في البلد.

(مادة ٢٣)

حرية الرأي والبحث العلمي مكفولة، ولكل إنسان حق التعبير عن رأيه ونشره بالقول أو الكتابة أو غيرهما، وذلك وفقا للشروط والأوضاع التي يبينها القانون، مع عدم المساس بأسس العقيدة الإسلامية ووحدة الشعب، وبما لا يثير الفرقة أو الطائفية.

(مادة ٢٤)

مع مراعاة حكم المادة السابقة تكون حرية الصحافة والطباعة والنشر مكفولة وفقاً للشروط والأوضاع التي

제25조

주거는 불가침이며, 법률에 규정된 긴급한 필요성과 방식에 의한 경우를 제외하고는 거주자의 허락 없이 주거에 대한 침입이나 수색은 이루어질 수 없다.

제26조

우편·전보·전화·전신에 관한 통신의 자유는 보호되며, 비밀도 보장된다. 법률이 정하는 필요성과 법률에 명시된 절차와 보장책에 의거하지 아니하고는 통신의 검열이나 비밀을 폭로하는 것은 허용되지 않는다.

제27조

국가적 원칙 하에, 합법적 목적을 위하여, 평화적 수단으로 협회와 조합을 구성할 자유는 종교의 근본 요소

يبينها القانون.

(مادة ٢٥)

للمساكن حرمة، فلا يجوز دخولها أو تفتيشها بغير
إذن أهلها إلا استثناء في حالات الضرورة القصوى
التي يعينها القانون، وبالكيفية المنصوص عليها فيه.

(مادة ٢٦)

حرية المراسلة البريدية والبرقية والهاتفية والإلكترونية
مصونة، وسريتها مكفولة، فلا يجوز مراقبة المراسلات أو
إفشاء سريتها إلا في الضرورات التي يبينها القانون، ووفقا
للإجراءات والضمانات المنصوص عليها فيه.

(مادة ٢٧)

حرية تكوين الجمعيات والنقابات، على أسس وطنية
ولأهداف مشروعة وبوسائل سلمية، مكفولة وفقاً

와 공공질서를 침해하지 않는 한 법률이 규정하는 조
건과 상황에 의하여 보장된다. 어느 누구에게도 협회나
연맹에 강제로 가입시키거나 유지시키는 것은 허용되
지 않는다.

제28조

1. 개인은 허락이나 사전 통지 없이 사적인 집회를 열 권
리가 있으며, 보안군 중 어느 누구도 그들의 사적 집회
에 참석하는 것은 허용되지 않는다.
2. 공공집회, 행진, 집회는 법률이 규정하는 조건과 상황
에 의하여 허용되지만, 집회의 목적과 수단은 평화적이
어야 하며 공공질서를 해쳐서는 안 된다.

제29조

모든 개인은 자신이 서명한 문서로 공공당국과 대화할

للشروط والأوضاع التي يبينها القانون، بشرط عدم المساس بأسس الدين والنظام العام. ولا يجوز إجبار أحد على الانضمام إلى أي جمعية أو نقابة أو الاستمرار فيها.

(مادة ٢٨)

أ- للأفراد حق الاجتماع الخاص دون حاجة إلى إذن أو إخطار سابق، ولا يجوز لأحد من قوات الأمن العام حضور اجتماعاتهم الخاصة.

ب- الاجتماعات العامة والمواكب والتجمعات مباحة وفقا للشروط والأوضاع التي يبينها القانون، على أن تكون أغراض الاجتماع ووسائله سلمية ولا تنافي الآداب العامة.

(مادة ٢٩)

لكل فرد أن يخاطب السلطات العامة كتابة وبتوقيعه،

수 있으며, 합법적인 단체와 법인이 아니고서는 단체의 이름으로 당국과 대화할 수 없다.

제30조

1. 평화는 국가의 목표이며, 국가의 안전은 대(大) 아랍 세계 안전의 일부이다. 국가의 방위는 모든 국민의 신성한 의무이고, 병역의무 수행은 법률이 규정하는 국민의 명예이다.

2. 국가만이 국가 방위와 방어, 공공안보를 위한 군대[15]를 창설할 수 있으며, 국민이 아닌 사람은 긴급 상황과 법률이 규정하는 방식에 의하지 아니하고서는 이 임무를 맡을 수 없다.

3. 동원은 전체적으로나 부분적으로나 법률로 규정한다.

제31조

이 헌법에 명시된 공적 권리와 자유의 규제와 제한은 법

ولا تكون مخاطبة السلطات باسم الجماعات إلا للهيئات النظامية والأشخاص المعنوية.

(مادة ٣٠)

أ– السلام هدف الدولة، وسلامة الوطن جزء من سلامة الوطن العربي الكبير، والدفاع عنه واجب مقدس على كل مواطن، وأداء الخدمة العسكرية شرف للمواطنين ينظمه القانون.

ب– الدولة هي وحدها التي تنشئ قوة الدفاع والحرس الوطني والأمن العام، ولا يولَّى غير المواطنين هذه المهام إلا في حالة الضرورة القصوى، وبالكيفية التي ينظمها القانون.

ج– التعبئة العامة أو الجزئية ينظمها القانون.

(مادة ٣١)

لا يكون تنظيم الحقوق والحريات العامة المنصوص

률로써나 법률에 의하지 아니하고서는 이루어지지 않으
며, 그러한 규제나 제한이 권리나 자유의 본질을 손상시
키는 것은 허용되지 않는다.

عليها في هذا الدستور أو تحديدها إلا بقانون، أو بناءً عليه. ولا يجوز أن ينال التنظيم أو التحديد من جوهر الحق أو الحرية.

제4편
권력기관

총칙

제32조

1. 정부 체제는 이 헌법의 규정에 따라 협력을 유지하는 가운데 입법부, 행정부, 사법부의 분리를 기초로 한다. 세 권력기관 중 어느 것도 이 헌법에 명시된 전부 또는 일부 권한을 포기하는 것은 허용되지 않는다. 그러나 제한된 입법부의 위임은 특정한 기간과 특정한 사안에서는 허용되며, 이는 위임 법률과 위임 조건에 의거하여 행사한다.

2. 입법부는 헌법에 의거하여 국왕과 국회가 담당하고,

الباب الرابع
السلطات

أحكام عامة

(مادة ٣٢)

أ– يقوم نظام الحكم على أساس فصل السلطات التشريعية والتنفيذية والقضائية مع تعاونها وفقاً لأحكام هذا الدستور، ولا يجوز لأي من السلطات الثلاث التنازل لغيرها عن كل أو بعض اختصاصاتها المنصوص عليها في هذا الدستور، وإنما يجوز التفويض التشريعي المحدد بفترة معينة وبموضوع أو موضوعات بالذات، ويمارس وفقا لقانون التفويض وشروطه.

ب– السلطة التشريعية يتولاها الملك والمجلس الوطني

행정부는 국왕이 내각과 그 장관들과 함께 담당하며, 사법 판결은 국왕의 이름으로 공포된다. 이 모든 사항은 헌법 규정에 따른다.

وفقاً للدستور، ويتولى الملك السلطة التنفيذية مع مجلس الوزراء والوزراء، وباسمه تصدر الأحكام القضائية، وذلك كله وفقا لأحكام الدستور.

제1장

국왕

제33조

1. 국왕은 국가의 수장이고 최고 대표이며, 그의 본질은 침해 받지 않고 보호된다. 그는 종교와 국가의 충실한 보호자이며, 국가 통합의 상징이다.

2. 국왕은 통치의 합법성, 헌법과 법률의 주권을 수호하며, 개인과 단체의 권리와 자유를 보호한다.

3. 국왕은 직접 또는 장관들을 통해 그의 권한을 행사하고, 장관들은 정부의 전반적인 정책에 대해 연대책임을 지며, 모든 장관은 내각의 업무에 관해 책임을 진다.

4. 국왕은 국왕칙령으로 총리를 임명하고 직위를 해임한다.[16] 또한 국왕은 총리의 제청에 따라 국왕칙령으로 장관을 임명하고 직위를 해임한다.

الفصل الأول
الملك

(مادة ٣٣)

أ- الملك رأس الدولة، والممثل الأسمى لها، ذاته مصونة لا تمس، وهو الحامي الأمين للدين والوطن، ورمز الوحدة الوطنية.

ب- يحمي الملك شرعية الحكم وسيادة الدستور والقانون، ويرعى حقوق الأفراد والهيئات وحرياتهم.

ج- يمارس الملك سلطاته مباشرة وبواسطة وزرائه، ولديه يُسأل الوزراء متضامنين عن السياسة العامة للحكومة، ويُسأل كل وزير عن أعمال وزارته.

د- يعين الملك رئيس مجلس الوزراء ويعفيه من منصبه بأمر ملكي، كما يعين الوزراء ويعفيهم من مناصبهم بمرسوم ملكي، بناء على عرض رئيس مجلس الوزراء.

5. 내각은 두 의회의 합법적인 회기가 시작될 때마다 이 조항에 언급된 방식에 따라 다시 구성된다.

6. 국왕은 국왕칙령으로 슈라의회 의원들을 임명하고 해임한다.[17]

7. 국왕은 방위군의 최고사령관으로서 그들을 지휘하며 왕국의 영토 내·외에서 국가적 임무를 그들에게 부여한다. 방위군은 국왕과 직접 연결되며, 그 사안에 필요한 비밀을 유지한다.

8. 국왕은 사법최고위원회의 의장직을 맡으며, 사법최고위원회의 제청에 따라 국왕칙령으로 법관들을 임명한다.

9. 국왕은 법률에 의거하여 명예 훈장을 수여한다.

10. 국왕은 국왕칙령으로 민간과 군 계급 그리고 다른 명예 직함들을 제정, 수여, 철회할 수 있으며, 다른 사람에게 이를 위임할 수 있다.

11. 화폐는 법률에 의거하여 국왕의 이름으로 주조된다.

هـ- يعاد تشكيل الوزارة على النحو السابق ذكره في هذه المادة عند بدء كل فصل تشريعي للمجلسين.

و- يعين الملك أعضاء مجلس الشورى ويعفيهم بأمر ملكي.

ز- الملك هو القائد الأعلى لقوة الدفاع، ويتولى قيادتها وتكليفها بالمهام الوطنية داخل أراضي المملكة وخارجها، وترتبط مباشرة به، وتراعَى السرية اللازمة في شئونها.

ح- يرأس الملك المجلس الأعلى للقضاء، ويعيّن القضاة بأوامر ملكية بناءً على اقتراح من المجلس الأعلى للقضاء.

ط- يمنح الملك أوسمة الشرف وفقا للقانون.

ي- ينشئ الملك ويمنح ويسترد الرتب المدنية والعسكرية وألقاب الشرف الأخرى بأمر ملكي، وله أن يفوض غيره في ذلك.

ك- تصدر العملة باسم الملك وفقاً للقانون.

12. 국왕은 왕좌에 오를 시에 의회의 특별 회기에서 다음과 같은 선서를 한다.

(나는 헌법과 국법을 준수하고, 국민의 자유와 이익과 재산을 보호하며, 조국의 독립과 영토의 안전을 보호할 것을 위대한 알라 앞에 맹세합니다.)

13. 국왕부는 국왕에게 소속되며, 조직은 국왕칙령으로 공포된다. 국왕부의 예산과 그에 대한 감독 원칙은 국왕의 특별칙령으로 규정한다.

제34조

1. 국왕이 해외에 있어 부재중이고 왕세자가 그를 대리할 수 없는 경우, 국왕은 칙령으로 그의 부재 기간 동안 권한을 행사할 대리인을 임명한다. 이 명령에는 그를 대리하여 권한을 행사하기 위한 특별 규정이나 그 권한 범위를 한정하는 것을 포함하는 것이 허용된다.

2. 이 헌법 제48조 2항에 명시된 조건과 규정은 국왕

ل- يؤدي الملك عند توليه العرش في اجتماع خاص للمجلس الوطني اليمين التالية:

(أقسم بالله العظيم أن أحترم الدستور وقوانين الدولة، وأن أذود عن حريات الشعب ومصالحه وأمواله، وأن أصون استقلال الوطن وسلامة أراضيه.)

م- الديوان الملكي يتبع الملك، ويصدر بتنظيمه أمر ملكي، وتحدد ميزانيته وقواعد الرقابة عليها بمرسوم ملكي خاص.

(مادة ٣٤)

أ- يعين الملك، في حالة تغيبه خارج البلاد وتعذر نيابة ولي العهد عنه، نائبا يمارس صلاحياته مدة غيابه، وذلك بأمر ملكي. ويجوز أن يتضمن هذا الأمر تنظيما خاصا لممارسة هذه الصلاحيات نيابة عنه، أو تحديدا لنطاقها.

ب- تسري في شأن نائب الملك، الشروط والأحكام

의 대리인 업무 소관 내에 있다. 만일 그가 장관이거나 슈라의회 또는 하원의회의 의원이라면 국왕을 대리하는 기간 동안에는 내각이나 의회 업무에 참여하지 못한다.

3. 국왕의 대리인은 그의 권한을 행사하기 전에 '나는 국왕에게 충성합니다'라는 표현을 첨가하여 이전 조항에 명시된 선서를 한다. 선서 이행은 의회가 개회되었다면 의회에서 하며, 개회되지 않았다면 국왕 앞에서 한다. 왕세자[18]는 여러 번 반복해 국왕을 대리하였더라도 이 선서를 한 번만 한다.

제35조

1. 국왕에게는 헌법의 개정과 법률을 제안할 권리가 있으며, 그는 법률에 대한 승인과 공포를 전담한다.

2. 국왕이 재의(再議)를 위해 두 의회로 환부(還付)하지 않고 슈라의회와 하원의회에서 국왕에게 상정된 날로부

المنصوص عليها في البند – ب – من (المادة ٤٨) من هذا الدستور، وإذا كان وزيراً أو عضواً في مجلس الشورى أو مجلس النواب فلا يشترك في أعمال الوزارة أو المجلس مدة نيابته عن الملك.

ج– يؤدي نائب الملك قبل ممارسة صلاحياته اليمين المنصوص عليها في المادة السابقة مشفوعة بعبارة: (وأن أكون مخلصاً للملك). ويكون أداء اليمين في المجلس الوطني إذا كان منعقداً، وإلا فتؤدَّى أمام الملك. ويكون أداء ولي العهد لهذه اليمين مرة واحدة، وإن تكررت مرات نيابته عن الملك.

(مادة ٣٥)

أ– للملك حق اقتراح تعديل الدستور واقتراح القوانين، ويختص بالتصديق على القوانين وإصدارها.

ب– يعتبر القانون مصدقاً عليه، ويصدره الملك إذا مضت ستة أشهر من تاريخ رفعه إليه من مجلسي

터 6개월이 지났다면 그 법률은 승인되고 공포된 것으로 본다.

3. 헌법의 개정에 관한 규정들에 대한 정당한 고려를 바탕으로, 국왕이 전 조(條)에 명시된 기간 내에 이유서를 첨부한 칙령으로써 법안에 대한 재의를 위해 슈라의회와 하원의회에 환부할 경우, 그에 대한 재의 시기를 동일 회기 혹은 그 다음 회기로 규정할 수 있다.

4. 만일 슈라의회, 하원의회, 국회가 3분의 2 의원 다수로 법안을 다시 결의하면 국왕은 이를 승인하고 두 번째로 이를 결의한 1개월 이내에 공포한다.

제36조

1. 침략전쟁은 금지되며, 방어전쟁의 선포는 전쟁 수행을 결정하기 위해 국회에 통보 즉시 제출되는 칙령으로 이루어진다.

2. 국가 긴급사태나 계엄령은 특별칙령의 형태로만 선

الشورى والنواب دون أن يرده إلى المجلسين لإعادة النظر فيه.

ج- مع مراعاة الأحكام الخاصة بتعديل الدستور، إذا رد الملك في خلال الفترة المنصوص عليها في البند السابق مشروع القانون إلى مجلسي الشورى والنواب بمرسوم مسبب، لإعادة النظر فيه، حدد ما إذا كانت هذه الإعادة تتم في ذات دور الانعقاد أو في الدور التالي له.

د- إذا أعاد كل من مجلس الشورى ومجلس النواب أو المجلس الوطني إقرار المشروع بأغلبية ثلثي أعضائه، صدق عليه الملك، وأصدره في خلال شهر من إقراره للمرة الثانية.

(مادة ٣٦)

أ- الحرب الهجومية محرمة، ويكون إعلان الحرب الدفاعية بمرسوم يعرض فور إعلانها على المجلس الوطني للبت في مصيرها.

ب- لا تعلن حالة السلامة الوطنية أو الأحكام

포될 수 있으며, 모든 상황에 있어서 이의 선포는 3개월을 초과하지 않는 기간 동안 이루어져야 한다. 기간의 연장은 국회 출석 의원 과반수의 동의에 의해서만 허용된다.

제37조

국왕은 칙령으로 조약을 체결하고, 적합한 설명서를 첨부하여 슈라의회와 하원의회에 이를 즉시 통보하며, 조약은 체결과 승인을 거쳐 관보에 게재한 이후에 법적 효력을 갖는다.

그러나 화해와 동맹의 조약, 국가의 영토나 천연자원에 관한 조약, 주권이나 국민의 공적 또는 사적 권리에 관한 조약, 통상·해운·체류 조약, 국고 예산에 언급되지 않은 추가 비용을 부담하거나 바레인 법률의 개정을 포함하는 조약들이 그 효력을 갖기 위해서는 법률로 공포되어야 한다.

العرفية إلا بمرسوم، ويجب في جميع الأحوال أن يكون إعلانها لمدة لا تتجاوز ثلاثة أشهر، ولا يجوز مدها إلا بموافقة المجلس الوطني بأغلبية الأعضاء الحاضرين.

(مادة ٣٧)

يبرم الملك المعاهدات بمرسوم، ويبلغها إلى مجلسي الشورى والنواب فوراً مشفوعة بما يناسب من البيان، وتكون للمعاهدة قوة القانون بعد إبرامها والتصديق عليها ونشرها في الجريدة الرسمية.

على أن معاهدات الصلح والتحالف، والمعاهدات المتعلقة بأراضي الدولة أو ثرواتها الطبيعية أو بحقوق السيادة أو حقوق المواطنين العامة أو الخاصة، ومعاهدات التجارة والملاحة والإقامة، والمعاهدات التي تحمِّل خزانة الدولة شيئاً من النفقات غير الواردة في الميزانية أو تتضمن تعديلاً لقوانين البحرين، يجب

조약이 공개 조건과 모순되는 비밀 조건을 포함하는 것
은 어떤 상황에서도 허용되지 않는다.

제38조

슈라의회와 하원의회의 회기 사이나 의회의 해산 기간
동안 지체할 수 없는 법령의 채택을 긴급히 서둘러야 하
는 일이 발생한다면, 국왕은 중요성에 비추어 법적 효력
을 갖는 칙령을 공포할 수 있다. 그러나 그것이 헌법을
위반해서는 안 된다.

이러한 칙령은 두 의회가 존재하는 한 공포된 날로부터
1개월 이내에, 만일 해산되었거나 입법 회기가 종료된
상태라면 새로운 두 의회들의 첫 번째 모임으로부터 1개
월 이내에 슈라의회와 하원의회에 제출되어야 한다. 만
약 칙령이 의회에 제출되지 않았다면, 그 칙령의 법적
효력은, 그와 관련한 결정을 공포하지 않더라도, 소급하

لنفاذها أن تصدر بقانون.

ولا يجوز في أي حال من الأحوال أن تتضمن المعاهدة شروطاً سرية تناقض شروطها العلنية.

(مادة ٣٨)

إذا حدث فيما بين أدوار انعقاد كل من مجلس الشورى ومجلس النواب أو في فترة حل مجلس النواب ما يوجب الإسراع في اتخاذ تدابير لا تحتمل التأخير، جاز للملك أن يصدر في شأنها مراسيم تكون لها قوة القانون، على ألا تكون مخالفة للدستور.

ويجب عرض هذه المراسيم على كل من مجلس الشورى ومجلس النواب خلال شهر من تاريخ صدورها إذا كان المجلسان قائمين أو خلال شهر من أول اجتماع لكل من المجلسين الجديدين في حالة الحل أو انتهاء الفصل التشريعي، فإذا لم تعرض زال

여 무효가 된다. 만약 칙령이 두 의회에 제출되었으나 두 의회에 의해 승인되지 않을 경우에도 또한 그 칙령의 법적 효력은 소급하여 무효가 된다.

제39조

1. 국왕은 개정이나 일시 정지 또는 집행 면제를 포함하지 않는 법률 집행에 필요한 시행규칙을 칙령으로 공포하며, 법률은 집행에 필요한 시행규칙을 공포하기 위해 칙령보다 더 낮은 단계의 기구를 지정할 수 있다.

2. 국왕은 법률과 상호 모순되지 않는 방식으로 공익과 공공기관들의 조정에 필요한 시행규칙을 칙령으로 공포한다.

제40조

국왕은 법률이 정한 범위와 조건 하에서 민간 공무원과 군 공무원, 외국과 국제기구에 주재하는 외교 대표들을

ما كان لها من قوة القانون بغير حاجة إلى إصدار قرار بذلك. وإذا عرضت ولم يقرها المجلسان زال كذلك ما كان لها من قوة القانون.

(مادة ٣٩)

أ- يضع الملك، بمراسيم، اللوائح اللازمة لتنفيذ القوانين بما لا يتضمن تعديلاً فيها أو تعطيلاً لها أو إعفاء من تنفيذها، ويجوز أن يعين القانون أداة أدنى من المرسوم لإصدار اللوائح اللازمة لتنفيذه.

ب- يضع الملك، بمراسيم، لوائح الضبط واللوائح اللازمة لترتيب المصالح والإدارات العامة بما لا يتعارض مع القوانين.

(مادة ٤٠)

يعيّن الملك الموظفين المدنيين والعسكريين والممثلين السياسيين لدى الدول الأجنبية والهيئات الدولية،

임명하고, 그들을 직책들로부터 해임하며, 국내 주재 외국 대표들과 기관 대표들을 영접한다.

제41조

국왕은 칙령으로 처벌을 사면하거나 경감시킬 수 있다. 그러나 완전 사면은 법률에 의하지 아니하고서는 이루어지지 않으며, 이는 사면 제안 이전에 범한 범죄에 한정된다.

제42조

1. 국왕은 법률 규정에 의거해 의회 선거 실시를 위한 명령을 공포한다.

2. 국왕은 국왕칙령으로 국회 회의를 소집하며, 회기는 헌법 규정에 의거하여 개회되고 폐회된다.

3. 국왕은 해산의 이유가 명시된 칙령으로 의회를 해산할 수 있으며, 이는 슈라의회 의장, 하원의회 의장, 헌법재판소장의 의견을 채택한 이후에 가능하다. 동일한 이

ويعفيهم من مناصبهم، وفقاً للحدود والأوضاع التي يقررها القانون، ويقبل ممثلي الدول والهيئات الأجنبية لديه.

(مادة ٤١)

للملك أن يعفو، بمرسوم، عن العقوبة أو يخفضها، أما العفو الشامل فلا يكون إلا بقانون، وذلك عن الجرائم المقترفة قبل اقتراح العفو.

(مادة ٤٢)

أ– يصدر الملك الأوامر بإجراء الانتخابات لمجلس النواب وفق أحكام القانون.

ب– يدعو الملك المجلس الوطني إلى الاجتماع بأمر ملكي، ويفتتح دُور الانعقاد، ويفضه وفق أحكام الدستور.

ج– للملك أن يحل مجلس النواب بمرسوم تبين فيه أسباب الحل، وذلك بعد أخذ رأي رئيسي مجلسي الشورى والنواب ورئيس المحكمة الدستورية، ولا يجوز

유로 또 다시 의회를 해산하는 것은 허용되지 않는다.[19]

제43조

국왕은 국가의 이익에 관한 법률과 중대한 사안에 대해서는 국민투표에 붙여야 하며, 국민투표의 사안은 투표자의 과반수가 찬성하면 동의한 것으로 본다. 국민투표의 결과는 공포된 날로부터 법적 구속력과 효력이 있으며, 이는 관보에 게재한다.

حل المجلس لذات الأسباب مرة أخرى.

(مادة ٤٣)

للملك أن يستفتي الشعب في القوانين والقضايا الهامة التي تتصل بمصالح البلاد، ويعتبر موضوع الاستفتاء موافقا عليه إذا أقرته أغلبية من أدلوا بأصواتهم، وتكون نتيجة الاستفتاء ملزمة ونافذة من تاريخ إعلانها، وتنشر في الجريدة الرسمية.

제2장

행정부

내각 – 장관

제44조

내각은 총리와 다수의 장관들로 구성된다.[20]

제45조

1. 내각을 담당하는 이는 바레인 사람이어야 함을 조건으로 하고, 서력으로 30세보다 적지 않아야 하며, 정치적·종교적 권리를 완전하게 누려야 한다. 다른 규정이 없는 한 장관에 관한 규정들이 총리에게도 적용된다.

الفصل الثاني
السلطة التنفيذية

مجلس الوزراء – الوزراء

(مادة ٤٤)

يؤلف مجلس الوزراء من رئيس مجلس الوزراء وعدد من الوزراء.

(مادة ٤٥)

أ– يشترط فيمن يلي الوزارة أن يكون بحرينياً، وألا تقل سنة عن ثلاثين سنة ميلادية، وأن يكون متمتعاً بكامل حقوقه السياسية والمدنية. وتسري في شأن رئيس مجلس الوزراء الأحكام الخاصة بالوزراء، ما لم يرد نص على خلاف ذلك.

2. 총리와 장관의 급여는 법률로 규정한다.

제46조

총리와 장관은 권한을 행사하기 전에 국왕 앞에서 이 헌법 제79조에 명시된 선서를 한다.

총리는 하원의회에서 선서를 한 이후 30일 이내에 또는 그가 부재 시였다면 첫 번째 회의에서 정부 청사진을 제출한다. 만일 의회가 30일 동안 이 청사진을 의원 과반수로 결의하지 못했다면, 정부는 의회가 이를 거부한 날로부터 21일 동안 개정을 검토한 이후에 의회로 다시 제출한다. 만일 하원의회가 3분의 2의 찬성으로 21일을 초과하지 않는 기간 동안 다시 한번 더 이 청사진의 거부를 결의하였다면 국왕은 내각의 사퇴를 수용한다. 만일 의회가 이전의 기간 동안에 동일한 절차로 새 내각의 청사진을 결의하지 않았다면 국왕은 의회를 해산하거나 내각의 사퇴를 수용하고 새 내각을

ب– يعيّن القانون مرتبات رئيس مجلس الوزراء والوزراء.

(مادة ٤٦)

يؤدي رئيس مجلس الوزراء والوزراء، أمام الملك، وقبل ممارسة صلاحياتهم اليمين المنصوص عليها في (المادة ٧٨) من هذا الدستور.

ويقدم رئيس مجلس الوزراء برنامج الحكومة خلال ثلاثين يوماً من أداء اليمين الدستورية إلى مجلس النواب، أو في أول اجتماع له إذا كان غائباً. وإذا لم يقر المجلس هذا البرنامج خلال ثلاثين يوماً بأغلبية أعضائه تقوم الحكومة بإعادة تقديمه إلى المجلس بعد إجراء ما تراه من تعديلات خلال واحد وعشرين يوماً من تاريخ رفض المجلس له، فإذا أصر مجلس النواب على رفض البرنامج للمرة الثانية خلال فترة لا تتجاوز واحد وعشرين يوماً بأغلبية ثلثي أعضائه قبل الملك استقالة الوزارة. وإذا لم يقر المجلس برنامج

임명하며, 의회는 명시된 기간 동안에 정부의 청사진을 수용하거나 거부하는 결의를 공포해야만 한다. 만일 의회의 결의 공포 없이 이 기간이 지나갔다면 청사진은 수용된 것으로 본다.[21]

제47조

1. 내각은 국익을 보호하고, 정부의 공공정책을 수립하며, 이를 집행하고, 정부기관의 업무 진행을 감독한다.

2. 국왕은 자신이 참석하는 내각 회의를 주재한다.

3. 총리는 내각의 직무 수행과 업무 진행을 감독하고 결정들을 집행하며, 여러 부처들 간을 조정하고 업무들을 통할한다.

4. 총리가 사퇴할 경우에는 그 이유를 막론하고 내각이 총 사퇴해야 한다.

الوزارة الجديدة بذات الإجراءات والمدد السابقة، كان للملك أن يحل المجلس أو يقبل استقالة الوزارة ويعين وزارة جديدة، ويجب على المجلس أن يصدر قراراً بقبول برنامج الحكومة أو رفضه خلال المدد المنصوص عليها، فإذا مضت إحدى هذه المدد دون صدور قرار من المجلس عدّ ذلك قبولاً للبرنامج.

(مادة ٤٧)

أ- يرعى مجلس الوزراء مصالح الدولة، ويرسم السياسة العامة للحكومة، ويتابع تنفيذها، ويشرف على سير العمل في الجهاز الحكومي.

ب- يرأس الملك جلسات مجلس الوزراء التي يحضرها.

ج- يشرف رئيس مجلس الوزراء على أداء مهام المجلس وسير أعماله، ويقوم بتنفيذ قراراته وتحقيق التنسيق بين الوزارات المختلفة والتكامل بين أعمالها.

د- تنحي رئيس مجلس الوزراء عن منصبه لأي سبب

5. 내각의 논의는 비밀리에 진행되며, 결의는 위원 과반수의 참석과 출석위원 과반수의 찬성으로 공포되고, 투표수가 동수일 경우에는 총리가 속한 측이 우세하다. 소수 측은 사임하지 않는 한 다수 측의 의견을 따라야 한다. 내각의 결의안은 그 사안에 대한 칙령의 공포를 필요로 하는 경우 승인을 위해 국왕에게 상정한다.

제48조

1. 모든 장관은 부처 업무를 감독하고 정부의 공공정책을 집행하며, 내각의 방향을 수립하고 집행을 감독한다.

2. 장관에게는 부처를 통할하고 있는 동안 다른 공직을 맡거나 간접적인 방식으로라도 전문직업, 산업, 상업, 금융 업무에 종사하는 것은 허용되지 않는다. 그에게는 정부의 대표로서 보상이 그에게 돌아가지 않는다고 하더라도 정부나 공공기관이 계약하는 이권에 참여하거나,

من الأسباب يتضمن تنحية الوزراء جميعاً من مناصبهم.

هـ- مداولات مجلس الوزراء سرية، وتصدر قراراته بحضور أغلبية أعضائه وبموافقة أغلبية الحاضرين، وعند تساوي الأصوات يرجح الجانب الذي فيه الرئيس، وتلتزم الأقلية برأي الأغلبية ما لم تستقل. وترفع قرارات المجلس إلى الملك للتصديق عليها في الأحوال التي تقتضي صدور مرسوم في شأنها.

(مادة ٤٨)

أ- يتولى كل وزير الإشراف على شئون وزارته، ويقوم بتنفيذ السياسة العامة للحكومة فيها، كما يرسم اتجاهات الوزارة، ويشرف على تنفيذها.

ب- لا يجوز للوزير أثناء توليه الوزارة أن يتولى أية وظيفة عامة أخرى، أو أن يزاول، ولو بطريق غير مباشر، مهنة حرة أو عملاً صناعيا أو تجاريا أو ماليا، كما لا يجوز أن يسهم في التزامات تعقدها الحكومة

부처와 어떤 회사의 임원직을 겸하는 것은 허용되지 않는다. 이 기간 동안 장관은 공개적인 경매의 방식으로라도 국가의 자산을 사거나 빌릴 수 없으며, 자신의 자산 일부를 국가에 빌려주거나 팔거나 교환하는 것도 허용되지 않는다.

제49조

총리나 장관은 어떠한 이유로 직위를 사임하였더라도 후임자가 임명될 때까지는 긴급한 업무를 계속해서 처리할 수 있다.

제50조

1. 국가의 지침과 관리 감독 하에 있는 공공기관과 지방자치단체의 독립성 보장은 법률로 규정한다. 지방자치단체에게는 그 지역 내의 지역적 특성을 지닌 시설을 관리

أو المؤسسات العامة، أو أن يجمع بين الوزارة والعضوية في مجلس إدارة أية شركة إلا كممثل للحكومة ودون أن يؤول إليه مقابل لذلك. ولا يجوز له خلال تلك المدة كذلك أن يشتري أو يستأجر مالاً من أموال الدولة ولو بطريق المزاد العلني، أو أن يؤجرها أو يبيعها شيئاً من أمواله أو يقايضها عليه.

(مادة ٤٩)

إذا تخلى رئيس مجلس الوزراء أو الوزير عن منصبه لأي سبب من الأسباب يستمر في تصريف العاجل من شئون منصبه إلى حين تعيين خلف له.

(مادة ٥٠)

أ- ينظم القانون المؤسسات العامة وهيئات الإدارة البلدية بما يكفل لها الاستقلال في ظل توجيه الدولة ورقابتها، وبما يكفل لهيئات الإدارة البلدية إدارة المرافق

하고 감독하는 것이 보장된다.

2. 국가는 국가의 공공정책과 국민들의 이익에 부합하는 방식으로 공익 단체들을 관리 감독한다.

ذات الطابع المحلي التي تدخل في نطاقها والرقابة عليها.

ب- توجه الدولة المؤسسات ذات النفع العام بما
يتفق والسياسة العامة للدولة ومصلحة المواطنين.

제3장
입법부

국회

제51조

국회는 두 개의 의회, 슈라의회와 하원의회로 구성된다

제1절 슈라의회

제52조

슈라의회는 국왕칙령으로 임명되는 40명의 의원으로 구성되며, 이는 국왕칙령으로 규정하는 절차, 규범, 방식에

الفصل الثالث
السلطة التشريعية

المجلس الوطني

(مادة ٥١)

يتألف المجلس الوطني من مجلسين: مجلس الشورى ومجلس النواب.

الفرع الأول   مجلس الشورى

(مادة ٥٢)

يتألف مجلس الشورى من أربعين عضواً يعينون بأمر ملكي، وذلك وفقاً للإجراءات والضوابط والطريقة

따른다.[22]

제53조

슈라의회 의원은 바레인 사람이어야 하며, 바레인 국적을 획득한 때로부터 적어도 10년이 경과한 사람이어야 한다. 그는 다른 국적을 소유하지 않아야 하며, 태생이 바레인 국적인 경우에 아랍 걸프협력회의 회원국들 가운데 한 국가의 국적을 소유한 자는 예외이다. 그는 시민의 권리와 정치적 권리를 완전하게 지녀야 하고, 그의 이름이 선거명부에 등록되어 있어야 하며, 임명일 현재 그의 나이가 서력으로 35세 이상이어야 한다. 또한 경험이 풍부해야 하며, 국가를 위해 훌륭한 봉사를 한 사람이어야 한다.[23]

제54조

1. 슈라의회 의원직 임기는 4년이며, 의원직 임기가 종료

التي تحدد بأمر ملكي.

(مادة ٥٣)

يشترط في عضو مجلس الشورى أن يكون بحرينياً، وأن
يمضي على من اكتسب الجنسية البحرينية عشر
سنوات على الأقل، وغير حامل لجنسية دولة أخرى،
باستثناء من يحمل جنسية إحدى الدول الأعضاء
بمجلس التعاون لدول الخليج العربية بشرط أن تكون
جنسيته البحرينية بصفة أصلية، ومتمتعاً بكافة حقوقه
المدنية والسياسية، وأن يكون اسمه مدرجا في أحد
جداول الانتخاب، وألا تقل سنه يوم التعيين عن
خمس وثلاثين سنة ميلادية كاملة، وأن يكون ممن
تتوافر فيهم الخبرة أو الذين أدوا خدمات جليلة للوطن.

(مادة ٥٤)

أ- مدة العضوية في مجلس الشورى أربع سنوات،

되었을 때 재임명이 허용된다.

2. 슈라의회 의원의 자리가 임기 종료 전에 어떠한 이유로 공석이 되면, 국왕은 전임자의 임기가 종료될 때까지 그를 대신할 의원을 임명한다.

3. 슈라의회 의원은 의회 의장에게 자신의 의원직 면직을 요청하는 청원을 할 수 있으며, 의장은 청원을 국왕에게 상정해야만 한다. 의원직은 청원에 대한 국왕의 수락일로부터 종료가 된다.

4. 국왕은 의회와 동일한 기간 동안 슈라의회 의장을 임명하며, 의회는 각각의 회기 동안 2명의 부의장을 선출한다.

제55조

1. 슈라의회는 하원의회 회의 때 소집되며, 두 의회의 회기는 동일하다.

2. 하원의회가 해산되면 슈라의회의 회기들은 중단된다.

ويجوز إعادة تعيين من انتهت مدة عضويته.

ب- إذا خلا محل أحد أعضاء مجلس الشورى قبل نهاية مدته لأي سبب من الأسباب عين الملك عضواً بديلاً لنهاية مدة سلفه.

ج- يجوز لأي عضو من أعضاء مجلس الشورى أن يطلب إعفاءه من عضوية المجلس بالتماس يقدم إلى رئيس المجلس، وعلى الرئيس أن يرفعه إلى الملك، ولا تنتهي العضوية إلا من تاريخ قبول الملك لهذا الالتماس.

د- يعين الملك رئيس مجلس الشورى لمثل مدة المجلس، وينتخب المجلس نائبين لرئيس المجلس لكل دور انعقاد.

(مادة ٥٥)

أ- يجتمع مجلس الشورى عند اجتماع مجلس النواب، وتكون أدوار الانعقاد واحدة للمجلسين.

ب- إذا حُل مجلس النواب توقفت جلسات مجلس الشورى.

제2절 하원의회

제56조

하원의회는 법률이 정하는 규정에 의거하여 보통·비밀·직접 선거 방식으로 선출되는 40명의 의원들로 구성된다.

제57조

하원의회 의원의 조건은 다음과 같다.

1. 바레인 사람이어야 하며, 바레인 국적을 취득한 때로부터 적어도 10년은 경과한 사람이어야 한다. 그는 다른 국적을 소유하지 않아야 하며, 태생이 바레인 국적인 경우에 아랍 걸프협력회의 국가들의 국적을 소유한 이는 예외이다. 그는 시민의 권리와 정치적 권리를 완전하게 지녀야 하며, 그의 이름이 선거명부에 등록되어 있어야 한다.[24]

الفرع الثاني   مجلس النواب

(مادة ٥٦)

يتألف مجلس النواب من أربعين عضواً يُنتخبون بطريق الانتخاب العام السري المباشر وفقاً للأحكام التي يبينها القانون.

مادة (٥٧)

يشترط في عضو مجلس النواب:

أ- أن يكون بحرينيا، وأن يمضي على من اكتسب الجنسية البحرينية عشر سنوات على الأقل، وغير حامل لجنسية دولة أخرى، باستثناء من يحمل جنسية إحدى الدول الأعضاء بمجلس التعاون لدول الخليج العربية بشرط أن تكون جنسيته البحرينية بصفة أصلية، ومتمتعاً بكافة حقوقه المدنية والسياسية، وأن يكون اسمه مدرجاً في أحد جداول الانتخاب.

2. 선거일 현재 나이가 서력으로 30세 이상이어야 한다.

3. 아랍어를 쓰고 읽는데 능숙해야 한다.[25]

4. 슈라의회나 하원의회의 의원직은 신뢰와 존경을 상실했다는 이유나 의원의 의무를 위반했다는 이유로 인해 그가 소속된 의회의 결정으로 박탈되는 일이 있어서는 안 될 것이다. 그렇지만 의원직이 박탈된 사람은, 의원직 박탈 결의를 공포한 입법 회기가 종료되었거나, 그가 속했던 의회가 의원직 박탈 결의를 공포한 회기 종료 이후에, 의원직 박탈로 인해 초래된 입후보 금지 조항을 철회하는 결의를 공포하였다면 입후보가 허용된다.

제58조

하원의원의 임기는 첫 번째 회의 날로부터 서력 4년 간이며, 새 의회의 선거는 이 헌법 제64조에 의거하여 임

ب– ألا تقل سنه يوم الانتخاب عن ثلاثين سنة ميلادية كاملة.

ج– أن يُجيد قراءة اللغة العربية وكتابتها.

د– ألا تكون عضويته بمجلس الشورى أو مجلس النواب قد أُسقطت بقرار من المجلس الذي ينتمي إليه بسبب فقد الثقة والاعتبار أو بسبب الإخلال بواجبات العضوية. ويجوز لمن أُسقطت عضويته الترشيح إذا انقضى الفصل التشريعي الذي صدر خلاله قرار إسقاط العضوية، أو صدر قرار من المجلس الذي كان عضوا فيه بإلغاء الأثر المانع من الترشيح المترتب على إسقاط العضوية بعد انقضاء دور الانعقاد الذي صدر خلاله قرار إسقاط العضوية.

(مادة ٥٨)

مدة مجلس النواب أربع سنوات ميلادية من تاريخ أول اجتماع له، وتُجرى في خلال الشهور الأربعة

기의 마지막 4개월 이내에 진행된다. 의원직 임기가 끝나는 의원들은 재출마할 수 있다.

국왕은 필요한 경우에 하원의원의 입법 회기를 2년을 초과하지 않는 기간 동안 연장할 수 있다.

제59조

하원의회 의원의 자리가 임기가 끝나기 전에 어떠한 이유로 공석이 되면, 의회가 공석을 공포한 날로부터 2개월 이내에 후임자를 선출하며, 새 의원의 임기는 전임자의 임기 말까지이다.

공석이 의원의 사임 때문인 경우, 사임이 제출된 입법 회기 동안에 그가 의원직에 입후보하는 것은 허용되지 않는다.

의회의 입법 회기가 종료되기 전 6개월 이내에 공석이 발생하면, 그를 대신할 의원의 선출은 진행되지 않는다.[26]

الأخيرة من تلك المدة انتخابات المجلس الجديد مع مراعاة حكم (المادة ٦٤) من هذا الدستور. ويجوز إعادة انتخاب من انتهت مدة عضويته.

وللملك أن يمد الفصل التشريعي لمجلس النواب عند الضرورة بأمر ملكي مدة لا تزيد على سنتين.

(مادة ٥٩)

إذا خلا محل أحد أعضاء مجلس النواب قبل نهاية مدته، لأي سبب من الأسباب، ينتخب بدله خلال شهرين من تاريخ إعلان المجلس هذا الخلو، وتكون مدة العضو الجديد لنهاية مدة سلفه.

وإذا كان الخلو بسبب استقالة العضو فلا يجوز له الترشح لعضوية المجلس خلال الفصل التشريعي الذي قدم فيه استقالته.

وإذا وقع الخلو في خلال الأشهر الستة السابقة على انتهاء الفصل التشريعي للمجلس فلا يجرى انتخاب عضو بديل.

제60조

하원의회는 첫 번째 회기에서 의회 임기와 동일한 기간 동안 활동할 의장과 2명의 부의장을 의원들 중에서 선출한다. 그들 중 어느 한 자리라도 공석이 되면 의회 임기 말까지 그의 자리를 대신할 사람을 선출한다.

선출은 모든 상황에서 출석 의원들의 절대 과반수로 이루어지며, 첫 번째 선거에서 과반수에 이르지 못하면 최다 득표자 2명 중에서 재선거를 한다. 만일 두 사람의 득표수가 동수이면 두 사람이 함께 두 번째 선거에 참가하며, 이 상황에서는 상대적 다수로 선출이 이루어진다. 만일 한 사람 이상이 동일한 상대적 다수 표를 획득한다면 의회는 그들 간의 제비뽑기로 선출을 진행한다.

의장이 선출될 때까지는 의원들 중 최 연장자가 첫 번째 회기를 주재한다.

(مادة ٦٠)

ينتخب مجلس النواب في أول جلسة له، ولمثل مدته، رئيساً ونائبين للرئيس من بين أعضائه، وإذا خلا مكان أي منهم انتخب المجلس من يحل محله إلى نهاية مدته. ويكون الانتخاب في جميع الأحوال بالأغلبية المطلقة للحاضرين، فإن لم تتحقق هذه الأغلبية في المرة الأولى أُعيد الانتخاب بين الاثنين الحائزين لأكثر الأصوات، فإن تساوى مع ثانيهما غيره في عدد الأصوات اشترك معهما في انتخاب المرة الثانية، ويكون الانتخاب في هذه الحالة بالأغلبية النسبية، فإن تساوى أكثر من واحد في الحصول على هذه الأغلبية النسبية أجرى المجلس الاختيار بينهم بالقرعة. ويرأس الجلسة الأولى أكبر الأعضاء سناً إلى حين انتخاب رئيس المجلس.

제61조

의회는 연례회의의 첫 주 동안 업무에 필요한 위원회를 구성하고, 의회의 휴회 동안에도 위원회의 권한 행사를 허용할 수 있다.

제62조

파기원(破棄院)[27]은 관련 법률에 의거하여 하원의원 선출에 관한 공소 해결을 전담한다.

제63조

하원의회는 의원직 사임을 승인할 권한을 갖는다. 사임은 의회가 승인을 결의할 때까지 최종적인 것으로 간주하지 않으며, 그 자리는 승인일로부터 공석이 된다.

제64조

1. 하원의회가 해산되었을 때 새로운 의회의 선거는 해

(مادة ٦١)

يؤلِّف المجلس خلال الأسبوع الأول من اجتماعه السنوي اللجان اللازمة لأعماله، ويجوز لهذه اللجان أن تباشر صلاحياتها خلال عطلة المجلس.

(مادة ٦٢)

تختص محكمة التمييز بالفصل في الطعون الخاصة بانتخابات مجلس النواب، وفقاً للقانون المنظِّم لذلك.

(مادة ٦٣)

مجلس النواب، هو المختص بقبول الاستقالة من عضويته، ولا تعتبر الاستقالة نهائية إلا من وقت تقرير المجلس قبولها، ويصبح المحل شاغراً من تاريخ ذلك القبول.

(مادة ٦٤)

أ- إذا حُل مجلس النواب وجب إجراء الانتخابات

산된 날로부터 4개월을 초과하지 않는 기간에 실시해야만 한다. 선거가 그 기간 동안 실시되지 않았다면 해산된 의회는 그의 헌법적 권한을 완전히 되찾고 마치 해산이 없었던 것처럼 즉시 소집되며, 새 의회가 선출될 때까지 계속해서 그 업무들을 수행한다.

2. 국왕은 이전 조항에도 불구하고 의회의 선거 실시가 불가능한 일이라고 간주되는 불가항력적인 상황이 있다면 새 의회의 선거 실시를 연기할 수 있다.

3. 이전 조항에 명시된 상황이 지속된다면 국왕은 내각의 의견에 따라 해산된 의회를 복원하고 회기를 소집한다. 이 의회는 국왕의 칙령 공포일로부터 복원된 것으로 보고, 완전한 헌법적 권한을 행사한다. 이에 관한 헌법 규정들은 의회의 임기와 해산의 완료 시에 적용되며, 이 경우에 개최된 회기는 개시일과 관계 없이 첫 번째 정기 회기로 본다.

للمجلس الجديد في ميعاد لا يجاوز أربعة أشهر على الأكثر من تاريخ الحل. فإن لم تجر الانتخابات خلال تلك المدة يسترد المجلس المنحل كامل سلطته الدستورية، ويجتمع فوراً كأن الحل لم يكن، ويستمر في أعماله إلى أن ينتخب المجلس الجديد.

ب- للملك، على الرغم مما ورد في البند السابق، أن يؤجل إجراء انتخاب المجلس الجديد إذا كانت هناك ظروف قاهرة يرى معها مجلس الوزراء أن إجراء الانتخاب أمر متعذر.

ج- إذا استمرت الظروف المنصوص عليها في البند السابق، فللملك، بناء على رأي مجلس الوزراء، إعادة المجلس المنحل ودعوته إلى الانعقاد، ويعتبر هذا المجلس قائماً من تاريخ صدور المرسوم الملكي بإعادته، ويمارس كامل صلاحياته الدستورية، وتنطبق عليه أحكام هذا الدستور بما في ذلك المتعلق منها باستكمال مدة المجلس وحله، وتعتبر الدورة التي يعقدها في هذه الحالة

제65조

하원의회 5명 이상이 서명한 요구에 의거하여 어떤 장관에게 그의 권한 내에 있는 업무에 관한 답변을 요구하는 것은 허용된다.

답변은 하원의회의 내부 시행규칙이 규정하는 조건과 상황에 의거하여 진행된다.

답변에 대한 토의는 과반수 의원이 특별위원회에서의 토의를 결의하지 않는 한 의회에서 진행되며, 장관이 토의의 연기를 요청하지 않는 한 제시일로부터 최소한 8일 이후에 진행된다.

이 헌법 제66조 규정에 의거하여 의회는 답변에 따라 장관에 대한 신임 여부를 물을 수 있다.[28]

أول دورة عادية له بغض النظر عن تاريخ بدئها.

(مادة ٦٥)

يجوز بناءً على طلب موقع من خمسة أعضاء من مجلس النواب على الأقل أن يوجه إلى أي من الوزراء استجوابات عن الأمور الداخلة في اختصاصاته.

ويتم إجراء الاستجواب وفقاً للشروط والأوضاع التي تحددها اللائحة الداخلية لمجلس النواب.

وتجرى مناقشة الاستجواب في المجلس مالم يقرر أغلبية أعضائه مناقشته في اللجنة المختصة، وذلك بعد ثمانية أيام على الأقل من يوم تقديمه، ما لم يطلب الوزير تعجيل هذه المناقشة.

ويجوز أن يؤدي الاستجواب إلى طرح موضوع الثقة بالوزير على مجلس النواب وفقاً لأحكام (المادة ٦٦) من هذا الدستور.

제66조

1. 모든 장관은 그의 부처 업무에 대해 하원의회 앞에 책임을 진다.

2. 장관에 대한 신임안 제출은 본인의 요구나 장관에게 보낸 답변을 토의한 직후 10명의 하원의회 의원들이 서명한 요구에 의하지 아니하고서는 허용되지 않는다. 의회에게는 그것을 제출한 날로부터 7일 이전에 요구에 대한 결의를 공포하는 것은 허용되지 않는다.

3. 하원의회가 구성 의원 3분의 2의 다수로 어느 한 장관에 대한 불신임을 결의하면, 그 장관은 불신임이 결의된 날로부터 그의 부처에서 사임된 것으로 간주되며 즉시 사직서를 제출해야 한다.

제67조

1. 하원의회에서 총리에 대한 신임안은 제출될 수 없다.

2. 만일 하원의회의 최소 10명 이상 의원이 총리와 협조

(مادة ٦٦)

أ- كل وزير مسئول لدى مجلس النواب عن أعمال وزارته.

ب- لا يجوز طرح موضوع الثقة بالوزير إلا بناء على رغبته أو طلب موقع من عشرة أعضاء من مجلس النواب إثر مناقشة استجواب موجه إليه، ولا يجوز للمجلس أن يصدر قراره في الطلب قبل سبعة أيام من تقديمه.

ج- إذا قرر مجلس النواب بأغلبية ثلثي الأعضاء الذين يتألف منهم عدم الثقة بأحد الوزراء اعتبر معتزلا للوزارة من تاريخ قرار عدم الثقة، ويقدم استقالته فورا.

(مادة ٦٧)

أ- لا يُطرح في مجلس النواب موضوع الثقة برئيس مجلس الوزراء.

할 가능성이 없다는 요청서를 제출하고, 의원 과반수가 이에 동의하면, 요청서는 조사를 위해 의회 사무처로 이송되고, 그것이 제출된 날로부터 2주가 초과되지 않는 기간 이내에 의회로 이송된다.

3. 하원의회에게는 의회 사무처로 이송된 날로부터 7일 이전에 총리와 협조할 가능성이 없다는 안에 대한 결의를 공포하는 것은 허용되지 않는다.[29]

4. 만일 하원의회가 의원 3분의 2의 다수로 총리와 협조할 가능성이 없다는 것을 결의하면, 그 사안은 총리의 해임과 새 부처의 임명 또는 하원의회의 해산과 같은 해결을 위해 국왕에게 상정된다.

제68조

1. 하원의회는 공적인 문제에 대해 정부에게 서면 요구를 표명할 수 있다. 정부는 6개월 이내에 서면으로 의회

ب– إذا تقدم عشرة أعضاء على الأقل من مجلس النواب بطلب مسبب بعدم إمكان التعاون مع رئيس مجلس الوزراء، ووافق أغلبية أعضاء المجلس على ذلك، أحيل الطلب إلى مكتب المجلس لبحثه وإحالته إلى المجلس خلال مدة لا تتجاوز أسبوعين من تاريخ تقديمه.

ج– لا يجوز لمجلس النواب أن يصدر قراره في موضوع عدم إمكان التعاون مع رئيس مجلس الوزراء قبل سبعة أيام من تاريخ إحالته إليه من مكتب المجلس.

د– إذا أقر مجلس النواب بأغلبية ثلثي أعضائه عدم إمكان التعاون مع رئيس مجلس الوزراء، رفع الأمر إلى الملك للبت فيه، بإعفاء رئيس مجلس الوزراء وتعيين وزارة جديدة، أو بحل مجلس النواب.

(مادة ٦٨)

أ– لمجلس النواب إبداء رغبات مكتوبة للحكومة في المسائل العامة، وعلى الحكومة أن ترد على المجلس

에 답해야 하며, 그것을 채택할 수 없으면 이유를 해명해야 한다.

2. 하원의회 의원 최소 5명 이상이 서명한 요구에 따라 공적 사안은 의회 내의 시행규칙이 규정하는 규범에 의거하여 사안에 대한 정부 정책의 해명 토의를 위해 제출되고, 이에 관한 의견을 교환하는 것이 허용된다.

의회 사무처는 의회가 토의 없이 결정할 수 있도록 그것이 제출된 후 첫 번째 회의의 업무 의제에 일반 토론의 요청을 포함시킨다.[30]

제69조

하원의회는 조사위원회를 구성하거나 헌법에 명시된 의회 권한 내의 내부 사안들 가운데 어떠한 사안에 대한 조사를 위해 언제나 1명이나 그 이상의 의원들을 임명할 권리가 있다. 그러나 위원회 또는 의원은 조사 시작일로

كتابة خلال ستة أشهر، وإن تعذر الأخذ بها وجب أن تبين الأسباب.

ب- يجوز بناءً على طلب موقع من خمسة أعضاء على الأقل من مجلس النواب، طرح موضوع عام للمناقشة لاستيضاح سياسة الحكومة في شأنه، وتبادل الرأي بصدده، وفقاً للضوابط التي تحددها اللائحة الداخلية للمجلس.

ويدرج مكتب المجلس طلب المناقشة العامة في جدول أعمال أول جلسة تالية لتقديمه، ليبت فيه المجلس دون مناقشة.

(مادة ٦٩)

يحق للمجلس النواب في كل وقت أن يؤلف لجان تحقيق أو يندب عضوا أو أكثر من أعضائه للتحقيق في أي أمر من الأمور الداخلة في اختصاصات المجلس المبينة في الدستور، على أن تقدم اللجنة أو العضو نتيجة

부터 4개월을 초과하지 않는 기간 내에 조사 결과를 제출해야 한다.

장관과 모든 공무원은 그들에게 요청된 증명서, 서류, 해명서를 제출해야만 한다.

제3절 두 의회 공통 규범

제70조

법률은 상황에 따라 슈라의회와 하원의회 각각 또는 국회(슈라의회와 하원의회)가 결의하고 국왕이 이를 승인하지 않는다면 공포되지 않는다.

제71조

국회는 국왕이 약속된 날 이전에 회의를 소집하지 않는다면 10월 초 두 번째 토요일에 소집된다. 만일 이날

التحقيق خلال مدة لا تتجاوز أربعة أشهر من تاريخ بدء التحقيق.

ويجب على الوزراء وجميع موظفي الدولة تقديم الشهادات والوثائق والبيانات التي تطلب منهم.

الفرع الثالث   أحكام مشتركة للمجلسين

(مادة ٧٠)

لا يصدر قانون إلا إذا أقره كل من مجلسي الشورى والنواب أو المجلس الوطني بحسب الأحوال، وصدق عليه الملك.

(مادة ٧١)

يجتمع المجلس الوطني يوم السبت الثاني من بداية شهر أكتوبر، إلا إذا قرر الملك دعوته للاجتماع قبل

이 공휴일이라면 공휴일 다음 첫 번째 업무 날에 소집
된다.

제72조

슈라의회와 하원의회 각각의 연간 회기는 7개월보다 적
지 않아야 하며, 예산을 결의하기 이전에는 회기를 정회
할 수 없다.

제73조

이전 두 조항의 규정들(제71조, 제72조)을 제외하고, 국
왕이 이날 이전에 회의 소집을 결정하지 않는다면, 국회
는 슈라의회의 임명일 또는 하원의회 선거일 중 어느 것
이 끝나던 간에 그 날부터 1개월이 종료되는 다음 날에
개최된다.

만일 이 회기의 의회 개최일이 헌법 제71조에 명시된 연
간 일정보다 늦어질 경우 제72조에 명시된 개최 기간은

هذا الموعد، وإذا كان هذا اليوم عطلة رسمية اجتمع في أول يوم عمل يلي تلك العطلة.

(مادة ٧٢)

دور الانعقاد السنوي لكل من مجلسي الشورى والنواب لا يقل عن سبعة أشهر، ولا يجوز فض هذا الدور قبل إقرار الميزانية.

(مادة ٧٣)

استثناء من حكم المادتين السابقتين يجتمع المجلس الوطني في اليوم التالي لانتهاء شهر من تاريخ تعيين مجلس الشورى أو انتخاب مجلس النواب أيهما تم آخرا، إلا إذا قرر الملك دعوته للاجتماع قبل هذا التاريخ. وإذا كان تاريخ انعقاد المجلس في هذا الدور متأخراً عن الميعاد السنوي المنصوص عليه في (المادة ٧١) من الدستور، خُفضت مدة الانعقاد المنصوص عليها في

이미 언급된 두 기간들의 차이만큼 감소될 수 있다.

제74조

국왕은 연설로 국회의 정기회기를 개최하며, 왕세자나 대리인으로 하여금 이를 대신하게 할 수 있다. 두 의회 (슈라의회와 하원의회)는 연설에 대한 답변 안을 준비하기 위해 의원들로 구성된 위원회를 선출하고, 두 의회 각각 이를 승인한 이후 국왕에게 답변을 상정한다.

제75조

국왕이 필요하다고 판단하거나 의회 의원 과반수의 요청이 있으면 슈라의회와 하원의회는 각각 임시회기를 국왕칙령으로 소집한다.
임시회기에서 의회가 소집된 사안 이외의 것을 검토하는 것은 허용되지 않는다.

(المادة ٧٢) منه بمقدار الفارق بين الميعادين المذكورين.

(مادة ٧٤)

يفتتح الملك دور الانعقاد العادي للمجلس الوطني بالخطاب السامي، وله أن ينيب ولي العهد أو من يرى إنابته في ذلك. ويختار كل من المجلسين لجنة من بين أعضائه لإعداد مشروع الرد على هذا الخطاب، ويرفع كل من المجلسين رده إلى الملك بعد إقراره.

(مادة ٧٥)

يُدعى كل من مجلسي الشورى والنواب، بأمر ملكي، إلى اجتماع غير عادي إذا رأى الملك ضرورة لذلك، أو بناء على طلب أغلبية أعضائه.
ولا يجوز في دور الانعقاد غير العادي أن ينظر المجلس في غير الأمور التي دُعي من أجلها.

제76조

국왕은 정기회기와 임시회기의 정회를 국왕칙령으로 선
포한다.

제77조

지정된 시간과 장소가 아닌 곳에서 슈라의회나 하원의
회가 개최한 모든 회의는 무효이며, 그 회의에서 공포된
결의는 무효이다.

제78조

슈라의회와 하원의회의 모든 의원은 의회나 위원회에서
자신의 직무를 수행하기 전에 공개 회의에서 다음과 같
은 선서를 한다.

(나는 조국과 국왕에게 충성하며, 헌법과 국법을 준수
하고, 국민의 자유·이익·재산을 보호하며, 나의 직무를
신실하고 정직하게 수행할 것을 위대한 알라께 맹세합

(مادة ٧٦)

يعلن الملك، بأمر ملكي، فض أدوار الانعقاد العادية وغير العادية.

(مادة ٧٧)

كل اجتماع يعقده مجلس الشورى أو مجلس النواب في غير الزمان والمكان المقررين لاجتماعه يكون باطلاً، وتبطل القرارات التي تصدر عنه.

(مادة ٧٨)

يؤدي كل عضو من أعضاء مجلس الشورى ومجلس النواب، في جلسة علنية وقبل ممارسة أعماله في المجلس أو لجانه اليمين التالية:

(أقسم بالله العظيم أن أكون مخلصاً للوطن وللملك، وأن أحترم الدستور وقوانين الدولة، وأن أذود عن حريات الشعب ومصالحه وأمواله، وأن أؤدي أعمالي

니다.)

제79조

슈라의회와 하원의회의 회기는 공개이며, 비공개 개최는
정부, 의회 의장, 의원 10명의 요구로 허용되고, 이의 요
구에 대한 검토는 비밀 회기에서 이루어진다.

제80조

슈라의회와 하원의회의 의사정족수는 각각의 의원 과반
수 이상의 출석이며, 의결은 특별정족수가 규정되어 있
지 않는 한 출석 의원의 절대 과반수로 이루어진다. 투
표수가 동수일 경우에는 의장이 속한 측이 우세하다. 만
일 투표가 헌법과 관련되었다면 의원들에 대한 소집은
그들(의원들)의 명의로 이루어져야만 한다.

만일 2번 연속으로 의사정족수가 부족한 경우, 그리고
의회 구성원의 4분의 1 이상의 출석이 있을 경우에 그

بالأمانة والصدق.)

(مادة ٧٩)

جلسات مجلس الشورى ومجلس النواب علنية، ويجوز
عقدها سرية بناءً على طلب الحكومة أو رئيس المجلس
أو عشرة أعضاء، وتكون مناقشة الطلب في جلسة سرية.

(مادة ٨٠)

يشترط لصحة اجتماع كل من مجلس الشورى ومجلس
النواب حضور أكثر من نصف أعضائه، وتصدر
القرارات بالأغلبية المطلقة للأعضاء الحاضرين، وذلك
في غير الحالات التي تشترط فيها أغلبية خاصة، وعند
تساوي الأصوات يرجح الجانب الذي منه الرئيس.
وإذا كان التصويت متعلقاً بالدستور وجب أن يتم
بالمناداة على الأعضاء بأسمائهم.
وإذا لم يكتمل نصاب انعقاد المجلس مرتين متتاليتين

회의는 유효한 것을 인정한다.

제81조

총리는 하원의회에 법률안을 제출할 수 있고, 하원의회
는 그 법률안을 가결, 수정, 부결할 권한을 가진다. 어느
경우에나 그 법안은 슈라의회에 전달되어야 하는데, 슈
라의회도 그 법안을 가결, 수정, 부결하거나 혹은 하원의
회가 그 법안에 대해 가한 수정안을 수용하거나 거절하
거나 수정할 권한을 가진다. 그렇지만 (법안) 검토의 우
선권은 정부로부터 제출된 법률안과 제안에 부여되어야
한다.

제82조

만일 하원의회가 승인한 법률안에 대해 슈라의회가 거
부, 수정, 삭제, 추가를 포함하는 슈라의회의 결정으로

اعتبر اجتماع المجلس صحيحا، على ألا يقل عدد الحاضرين عن ربع أعضاء المجلس.

(مادة ٨١)

يعرض رئيس مجلس الوزراء مشروعات القوانين على مجلس النواب الذي له حق قبول المشروع أو تعديله أو رفضه، وفي جميع الحالات يرفع المشروع إلى مجلس الشورى الذي له حق قبول المشروع أو تعديله أو رفضه أو قبول أية تعديلات كان مجلس النواب قد أدخلها على المشروع أو رفضها أو قام بتعديلها. على أن تعطى الأولوية في المناقشة دائماً لمشروعات القوانين والاقتراحات المقدمة من الحكومة.

(مادة ٨٢)

إذا لم يوافق مجلس الشورى على مشروع قانون أقره مجلس النواب سواء كان قرار مجلس الشورى بالرفض

승인하지 않을 경우, 슈라의회 의장은 그 법안을 하원의
회로 환부할 수 있다.

제83조

만일 하원의회가 슈라의회에서 제정한 대로 법률안을
수락하였다면, 하원의회 의장은 2주를 초과하지 않는 기
간 이내에 이를 국왕에게 상정하기 위해 총리에게 이송
한다.[31]

제84조

하원의회는 슈라의회가 결의한 법률안 수정을 거부할
수 있고, 법률안에 어떠한 새 수정안을 삽입하지 않고
이전의 결의를 주장할 수 있다. 이러한 상황에서 법률안
은 재검토를 위해 다시 한번 슈라의회로 환부된다. 그러
면 슈라의회는 하원회의의 결의를 수용하거나 이전의
결의를 주장할 수 있다.

أو بالتعديل أو بالحذف أو بالإضافة يعيده رئيس المجلس إلى مجلس النواب لإعادة النظر فيه.

(مادة ٨٣)

إذا قبل مجلس النواب مشروع القانون كما ورد من مجلس الشورى يحيله رئيس مجلس النواب خلال مدة لا تتجاوز أسبوعين إلى رئيس مجلس الوزراء لرفعه إلى الملك.

(مادة ٨٤)

لمجلس النواب أن يرفض أي تعديل على مشروع قانون أقره مجلس الشورى، وأن يصر على قراره السابق دون إدخال أية تعديلات جديدة على مشروع القانون. وفي هذه الحالة يعاد المشروع إلى مجلس الشورى مرة ثانية للنظر فيه. ولمجلس الشورى أن يقبل قرار مجلس النواب أو أن يصر على قراره السابق.

제85조

두 의회가 법률안에 관해 두 번 이견을 갖게 되면, 국회는 이견이 있는 조항을 토의하기 위해 하원의회 의장의 주재로 소집된다. 법안이 수락되기 위해서는 국회의 결의가 출석 의원 과반수로 공포되어야 하며, 이런 방식으로 거부되면 그 법안은 동일한 회기에 국회로 다시 제출되지 않는다.[32]

제86조

법률안에 대한 동의가 이루어지는 모든 상황에서 하원의회 의장은 2주일이 초과되지 않는 기간 이내에 이를 국왕에게 상정하기 위해 총리에게 이송한다.[33]

제87조

경제나 금융 사안들을 규율하는 모든 법률안은 정부가 긴급한 검토를 위해 요청한 15일 이내에 이를 해결하

(مادة ٨٥)

إذا اختلف المجلسان حول مشروع أي قانون مرتين،
يجتمع المجلس الوطني برئاسة رئيس مجلس النواب
لبحث المواد المختلف عليها، ويشترط لقبول المشروع
أن يصدر قرار المجلس الوطني بأغلبية الأعضاء
الحاضرين، وعندما يُرفض المشروع بهذه الصورة، لا
يقدم مرة ثانية إلى المجلس الوطني في الدورة ذاتها.

(مادة ٨٦)

في جميع الحالات التي تتم فيها الموافقة على مشروع
القانون يقوم رئيس مجلس النواب بإحالته خلال مدة لا
تتجاوز أسبوعين إلى رئيس مجلس الوزراء لرفعه إلى الملك.

(مادة ٨٧)

كل مشروع قانون ينظم موضوعات اقتصادية أو مالية،
وتطلب الحكومة نظره بصفة عاجلة، يتم عرضه على

기 위해 우선적으로 하원의회로 제출된다. 만일 이 기간이 경과되었다면 하원의회의 견해와 함께 또 다른 15일 이내에 이 사안에 대해 결의하기 위해 슈라의회로 제출된다. 제출된 법률안에 대해 두 의회가 이견을 가질 경우 사안은 15일 이내에 투표를 위해 국회로 제출된다. 만일 국회가 기간 이내에 이를 해결하지 못하면 국왕에게는 칙령으로 법률에 대한 효력을 공포하는 것이 허용된다.

제88조

하원의회 의장에게는 하원의회, 슈라의회, 두 의회의 위원회들 중 한 곳에 권한 내에 있는 사안에 관한 보고서를 제출하는 것이 허용되며, 장관들 중 한 명에게 이를 위임할 수 있다. 그는 의회 또는 위원회와 이 보고서를 토의하고 사안에 대해 견해를 표명할 수 있다.[34]

مجلس النواب أولا ليبت فيه خلال خمسة عشر يوما، فإذا مضت هذه المدة عرض على مجلس الشورى مع رأي مجلس النواب إن وجد، ليقرر ما يراه بشأنه خلال خمسة عشر يوما أخرى، وفي حالة اختلاف المجلسين بشأن مشروع القانون المعروض، يعرض الأمر على المجلس الوطني للتصويت عليه خلال خمسة عشر يوما، وإذا لم يبت المجلس الوطني فيه خلال تلك المدة جاز للملك إصداره بمرسوم له قوة القانون.

(مادة ٨٨)

يجوز لرئيس مجلس الوزراء إلقاء بيان أمام مجلس النواب أو مجلس الشورى أو إحدى لجانهما عن موضوع داخل في اختصاصه، وله أن يفوض أحد الوزراء في ذلك، ويناقش المجلس أو اللجنة هذا البيان ويبدي ما يراه من ملاحظات بشأنه.

제89조

1. 슈라의회와 하원의회의 모든 의원은 국민 전체를 대표하며, 공익을 보호하고, 의회나 의원회에서 직무를 수행할 때 어떤 기관도 그에게 권한을 행사할 수 없다.

2. 슈라의회나 하원의회의 모든 의원이 의회에서나 위원회에서 의견이나 생각을 표명할 때 그가 표명한 견해가 신앙의 원칙, 움마의 통일, 국왕에 대한 의무적인 존경을 침해하지 않거나 어떤 개인의 사생활을 훼손하지 않는 한, 그를 처벌하는 것은 허용되지 않는다.

3. 회기 동안 현행범인 경우를 제외하고는 의원에 대한 수사나 조사, 체포나 구금의 절차를 밟거나, 그가 속해 있는 의회의 허락 없이 다른 어떠한 형사 집행도 허용되지 않는다. 의회가 회기 중이 아닌 경우에는 의회 의장의 허락을 득해야 한다.

의회나 의장이 그에게 통보된 날로부터 1개월 이내에 허락 요청에 대한 결의를 공포하지 않는다면 허락된 것으

(مادة ٨٩)

أ- عضو كل من مجلس الشورى ومجلس النواب يمثل الشعب بأسره، ويرعى المصلحة العامة، ولا سلطان لأية جهة عليه في عمله بالمجلس أو لجانه.

ب- لا تجوز مؤاخذة عضو كل من مجلس الشورى أو مجلس النواب عما يبديه في المجلس أو لجانه من آراء أو أفكار، إلا إذا كان الرأي المعبر عنه فيه مساس بأسس العقيدة أو بوحدة الأمة، أو بالاحترام الواجب للملك، أو فيه قذف في الحياة الخاصة لأي شخص كان.

ج- لا يجوز أثناء دور الانعقاد، في غير حالة الجرم المشهود، أن تتخذ نحو العضو إجراءات التوقيف أو التحقيق أو التفتيش أو القبض أو الحبس أو أي إجراء جزائي آخر إلا بإذن المجلس الذي هو عضو فيه. وفي غير دور انعقاد المجلس يتعين أخذ إذن من رئيس المجلس.

ويعتبر بمثابة إذنٍ عدم إصدار المجلس أو الرئيس قراره

로 본다.

의회는 이전 조항에 의거하여 개최 동안에 채택된 것을 통보해야 하며, 또한 의회는 어떤 의원에 대하여 의회의 연간 휴정 동안에 채택되었던 어떠한 절차도 반드시 첫 번째 회의에서 그에게 통보해야만 한다.

제90조

국왕은 국왕칙령으로 2개월을 초과하지 않는 기간 동안 국회 소집을 연기할 수 있으나, 연기는 동일한 회기 동안 한 번 이상 반복할 수 없다. 연기 기간은 이 헌법 제72조에 명시된 개회 기간에 포함되어 산정되지 않는다.

제91조

하원의회의 모든 의원은 장관들에게 권한 내에 있는 업무에 대한 조사를 위해 서면 질의를 할 수 있으며, 질의

في طلب الإذن خلال شهر من تاريخ وصوله إليه. ويتعين إخطار المجلس بما قد يتخذ من إجراءات وفقاً للفقرة السابقة أثناء انعقاده، كما يجب إخطاره دوماً في أول اجتماع له بأي إجراء اتخذ أثناء عطلة المجلس السنوية ضد أي عضو من أعضائه.

(مادة ٩٠)

للملك أن يؤجل، بأمر ملكي، اجتماع المجلس الوطني مدة لا تجاوز شهرين، ولا يتكرر التأجيل في دور الانعقاد الواحد أكثر من مرة واحدة. ولا تحسب مدة التأجيل ضمن فترة الانعقاد المنصوص عليها في (المادة ٧٢) من هذا الدستور.

(مادة ٩١)

لكل عضو من أعضاء مجلس النواب أن يوجه إلى الوزراء أسئلة مكتوبة لاستيضاح الأمور الداخلة في

자만이 답변에 대해 한번 더 질의할 권리가 있다. 만일 장관이 새로운 것을 첨가하면 그 의원에게는 또 다시 질의할 권리가 있다.[35]

질의 당사자나 4단계까지의 친척들, 대리인들 중 한 사람의 사적 이익에 관한 질문은 허용되지 않는다.

제92조

1. 슈라의회나 하원의회 소속 15명의 의원은 헌법 개정을 제안하고 요청할 권리가 있으며, 두 의회의 의원에게는 법률을 제안할 권리도 있다. 모든 제안은 견해를 표명하기 위해 제출되었던 의회의 특별위원회로 이송된다. 만일 의회가 법률안을 수락하면 헌법 개정안과 법률안은 이를 제정하기 위해 초안의 형태로 정부로 이송되고, 이송일로부터 6개월 이내에 하원의회로 제출된다.[36]

2. 이전 조항에 의거하여 제출되고 그것이 제출된 의회가 거부한 모든 법률안이 동일 회기 내에 다시 제출되는

اختصاصهم، وللسائل وحده حق التعقيب مرة واحدة على الإجابة، فإن أضاف الوزير جديداً تجدد حق العضو في التعقيب.

ولا يجوز أن يكون السؤال متعلقاً بمصلحة خاصة بالسائل أو بأقاربه حتى الدرجة الرابعة، أو بأحد موكليه.

(مادة ٩٢)

أ- لخمسة عشر عضواً من مجلس الشورى أو مجلس النواب حق طلب اقتراح تعديل الدستور، ولأي من أعضاء المجلسين حق اقتراح القوانين، ويحال كل اقتراح إلى اللجنة المختصة في المجلس الذي قدِّم فيه الاقتراح لإبداء الرأي، فإذا رأى المجلس قبول الاقتراح أحاله إلى الحكومة لوضعه في صيغة مشروع تعديل للدستور أو مشروع قانون، وتقديمه إلى مجلس النواب خلال ستة أشهر على الأكثر من تاريخ إحالته إليها.

ب- كل اقتراح بقانون تم تقديمه وفق الفقرة السابقة

것은 허용되지 않는다.

제93조

총리와 장관에게는 슈라의회와 하원의회의 회기에 출석할 권리가 있으며, 발언을 요구할 때마다 의회에서 발언권이 주어진다. 그들은 고위 공직자들 중 원하는 사람에게 도움을 요청하거나 자신들을 대신하게 할 수 있다.

의회는 내각에 관한 업무를 토의할 때 해당 장관의 출석을 요구할 수 있다.

제94조

1. 슈라의회, 하원의회, 위원회에서의 업무 진행 절차, 토의·투표·질의응답원칙, 헌법에 명시된 기타 권한은 법률로 규정하며, 의원이 법규를 위반하거나 의회나 위원회의 회기에 정당한 이유 없이 불참하는 경우로 인해 초래

ورفضه المجلس الذي قُدم إليه لا يجوز تقديمه ثانية في دور الانعقاد ذاته.

(مادة ٩٣)

لرئيس مجلس الوزراء والوزراء حق حضور جلسات مجلس الشورى ومجلس النواب، ويستمع إليهم كلما طلبوا الكلام، ولهم أن يستعينوا بمن يريدون من كبار الموظفين أو من ينيبوهم عنهم.

وللمجلس أن يطلب حضور الوزير المختص عند مناقشة أمر يتعلق بوزارته.

(مادة ٩٤)

أ– يبين القانون نظام سير العمل في كل من مجلس الشورى ومجلس النواب ولجانهما، وأصول المناقشة والتصويت والسؤال والاستجواب وسائر الصلاحيات المنصوص عليها في الدستور، وكذلك الجزاءات التي

되는 처벌도 법률로 규정한다.

2. 두 의회 모두는 제정된 법률에 보충 규범들로 간주되는 것들을 추가할 수 있다.

제95조

슈라의회와 하원의회 내의 질서 유지는 의장의 권한에 속하며, 두 의회 각각에게는 의장의 명령에 따라 명령을 수행하는 경비대가 배치된다.

다른 어떠한 무장 군대도 의장의 요청 없이 의회에 진입하거나 출입구와 가까운 곳에 배치되는 것은 허용되지 않는다.

제96조

슈라의회와 하원의회 의원의 보수는 법률로 규정하며, 보수 조정은 다음 입법 회기 시작이 아니고서는 효력이

تترتب على مخالفة العضو للنظام أو تخلفه عن جلسات المجلس أو اللجان بدون عذر مقبول.

ب- لكل من المجلسين أن يضيف إلى القانون المنظم له ما يراه من أحكام تكميلية.

(مادة ٩٥)

حفظ النظام داخل كل من مجلس الشورى ومجلس النواب من اختصاص رئيسه، ويخصص لكل من المجلسين حرس يأتمر بأمر رئيس المجلس.

ولا يجوز لأية قوة مسلحة أخرى دخول المجلس أو الاستقرار على مقربة من أبوابه إلا بطلب من رئيسه.

(مادة ٩٦)

تُحدد بقانون مكافآت أعضاء كل من مجلس الشورى ومجلس النواب، وفي حالة تعديل هذه المكافآت لا

발생되지 않는다.

제97조

슈라의회와 하원의회의 의원 겸직은 허용되지 않으며, 각 의회의 의원직과 공직을 겸하는 것도 허용되지 않는다.

겸직할 수 없는 상황은 법률로 규정한다.

제98조

슈라의회나 하원의회 의원은 재직 기간 동안 법률이 규정하는 상황이 아니라면 회사의 임원에 임명되거나 정부나 공공기관이 계약하는 이권에 참여하는 것이 허용되지 않는다.

또한 이 기간 동안에 국가의 자산을 사거나 빌리는 것도 허용되지 않으며, 자신의 자산 일부를 국가에게 빌려주거나 팔거나 교환하는 것도 허용되지 않는다. 그러나 경

ينفذ هذا التعديل إلا ابتداء من الفصل التشريعي التالي.

(مادة ٩٧)

لا يجوز الجمع بين عضوية مجلس الشورى ومجلس النواب، كما لا يجوز الجمع بين عضوية أي من المجلسين وتولي الوظائف العامة.

ويعين القانون حالات عدم الجمع الأخرى.

(مادة ٩٨)

لا يجوز لعضو مجلس الشورى أو مجلس النواب أثناء مدة عضويته أن يعيّن في مجلس إدارة شركة أو أن يسهم في التزامات تعقدها الحكومة أو المؤسسات العامة إلا في الأحوال التي يبينها القانون.

ولا يجوز له خلال تلك المدة كذلك أن يشتري أو يستأجر مالاً من أموال الدولة أو أن يؤجرها أو أن يبيعها شيئاً من أمواله أو يقايضها عليه، ما لم يكن

매나 공개 경매 방식, 공익을 위한 취득법의 적용이 되는 경우는 예외이다.

제99조

슈라의회와 하원의회의 의원에게 재직 동안 무자격 상황이 나타나면 의원직은 소멸되며, 그의 자리는 소속 의회 의원 3분의 2의 다수로 공포된 결의에 의해 공석이 된다.

의원직의 박탈은 신뢰와 존경을 상실했거나 의원직의 의무들을 위반한 경우, 슈라의회나 하원의회의 의원에게 허용된다. 의원직 박탈 결의는 소속 의회 의원 3분의 2의 다수로 공포되어야 하며, 결의가 슈라의회로부터 공포되었다면 승인을 위해 국왕에게 상정되어야 한다.

제100조

슈라의회나 하원의회 의원에게는 재직 기간 동안 훈장

ذلك بطريق المزايدة أو المناقصة العلنيتين، أو بتطبيق نظام الاستملاك للمصلحة العامة.

(مادة ٩٩)

إذا ظهرت حالة من حالات عدم الأهلية لأي عضو من أعضاء مجلسي الشورى والنواب أثناء عضويته تسقط عضويته، ويصبح محله شاغراً بقرار يصدر بأغلبية ثلثي أعضاء المجلس الذي هو عضو فيه.

كما يجوز إسقاط عضوية أحد أعضاء مجلس الشورى أو مجلس النواب إذا فقد الثقة والاعتبار أو أخل بواجبات عضويته. ويجب أن يصدر قرار إسقاط العضوية بأغلبية ثلثي أعضاء المجلس الذي هو عضو فيه، ويرفع القرار إذا كان صادراً عن مجلس الشورى إلى الملك لإقراره.

(مادة ١٠٠)

لا يُمنح أعضاء مجلس الشورى أو مجلس النواب أوسمة

이 수여되지 않는다.

제4절 국회 회기에 관한 규정

제101조

국회가 헌법 규정에 따라 소집되는 상황에 더하여, 국왕은 스스로의 판단에 따라 또는 총리의 요청에 따라 이와 같은 회의를 소집할 수 있다.

제102조

하원의회 의장은 국회 회의의 의장을 맡고, 그의 부재 시에는 슈라의회 의장이, 다음에는 하원의회 제1부의장이, 그 다음에는 슈라의회 제2부의장이 차례로 의장을 맡는다.[37]

أثناء مدة عضويتهم.

الفرع الرابع   أحكام خاصة بانعقاد المجلس الوطني

(مادة ١٠١)
بالإضافة إلى الأحوال التي يجتمع فيها المجلس الوطني
بحكم الدستور، للملك أن يدعو إلى مثل هذا الاجتماع
كلما رأى ذلك أو بناء على طلب رئيس مجلس الوزراء.

(مادة ١٠٢)
يتولى رئيس مجلس النواب رئاسة اجتماع المجلس
الوطني، وعند غيابه يتولى ذلك رئيس مجلس الشورى،
ثم النائب الأول لرئيس مجلس النواب، ثم النائب
الأول لرئيس مجلس الشورى.

제103조

헌법이 특정 과반수를 요구하는 상황이 아닌 경우, 두 의회 각각의 과반수 의원들이 출석하지 아니하고는 국회 회기가 합법적인 것이라고 간주하지 않는다. 만일 의회 개최 정족수가 두 번 연속으로 충족되지 못하면 회의는 유효한 것으로 보지만, 출석 의원수가 의회 의원 4분의 1보다 적지 않아야 한다. 결의는 출석의원 과반수의 투표로 공포되며, 투표수가 동수일 때는 의장이 속한 측이 우세하다.[38]

(مادة ١٠٣)

في غير الحالات التي يتطلب فيها الدستور أغلبية خاصة، لا تعتبر جلسات المجلس الوطني قانونية إلا بحضور أغلبية أعضاء كل من المجلسين على حدة، وإذا لم يكتمل نصاب انعقاد المجلس مرتين متتاليتين اعتبر اجتماع المجلس صحيحا، على ألا يقل عدد الحاضرين من كل مجلس عن ربع أعضائه. وتصدر القرارات بأغلبية أصوات الحاضرين، وعند تساوي الأصوات يرجح الجانب الذي منه الرئيس.

제4장

사법부

제104조

1. 재판의 명예, 판사의 청렴함과 공정함은 통치의 토대이며 권리와 자유를 위한 보장이다.

2. 판사가 재판 시에는 어떤 기관도 그에게 영향력을 행사하지 못하며, 재판 과정에 개입하는 상황은 허용되지 않는다. 법률은 재판의 독립성을 보장하고, 판사의 보장책과 관련 규정은 법률로 규정한다.

3. 검찰, 법적 견해의 임무, 법률안 준비, 재판부 앞에서의 국가 대표 등 이러한 사안에 종사하는 사람에 관한 규정은 법률로 규정한다.

4. 변호사직 규정은 법률로 규정한다.

الفصل الرابع
السلطة القضائية

(مادة ١٠٤)

أ- شرف القضاء، ونزاهة القضاة وعدلهم، أساس الحكم وضمان للحقوق والحريات.

ب- لا سلطان لأية جهة على القاضي في قضائه، ولا يجوز بحال التدخل في سير العدالة، ويكفل القانون استقلال القضاء، ويبين ضمانات القضاة والأحكام الخاصة بهم.

ج- يضع القانون الأحكام الخاصة بالنيابة العامة، وبمهام الإفتاء القانوني، وإعداد التشريعات، وتمثيل الدولة أمام القضاء، وبالعاملين في هذه الشئون.

د- ينظم القانون أحكام المحاماة.

제105조

1. 법원의 다양한 유형과 심급은 법률로 규정하고,[39] 역할과 권한은 법률로 규정한다.

2. 군사법정의 권한은 방위군, 방어군, 보안군의 구성원에 의해 발생하는 군사범죄로 한정하고, 계엄령이 선포된 경우가 아니고서는 다른 이에게로 확대하지 않는다. 그것은 법률이 규정하는 테두리 내에 있다.

3. 법정의 심리는 법률이 규정하는 예외의 상황이 아니라면 공개적이다.

4. 사법최고위원회는 법률로 설립되고, 법원과 협력기관 간의 업무가 순조롭게 진행되도록 감독한다. 법조인과 검찰의 실무 사안에 대한 권한은 법률로 규정한다.

제106조

법률이 정하는 기간 동안 국왕칙령으로 임명하는 소장

(مادة ١٠٥)

أ- يرتب القانون المحاكم على اختلاف أنواعها ودرجاتها، ويبين وظائفها واختصاصاتها.

ب- يقتصر اختصاص المحاكم العسكرية على الجرائم العسكرية التي تقع من أفراد قوة الدفاع والحرس الوطني والأمن العام، ولا يمتد إلى غيرهم إلا عند إعلان الأحكام العرفية، وذلك في الحدود التي يقررها القانون.

ج- جلسات المحاكم علنية إلا في الأحوال الاستثنائية التي يبينها القانون.

د - ينشأ، بقانون، مجلس أعلى للقضاء يشرف على حسن سير العمل في المحاكم وفي الأجهزة المعاونة لها، ويبين القانون صلاحياته في الشئون الوظيفية لرجال القضاء والنيابة العامة.

(مادة ١٠٦)

تنشأ محكمة دستورية، من رئيس وستة أعضاء يعينون

과 6명의 위원들로 구성된 헌법재판소가 설치되며, 이 재판소는 법률과 시행규칙의 합헌성 심사를 전담한다.

판사를 면직시킬 수 없음을 보장하는 원칙은 법률로 규정하며, 후속 절차도 법률로 규정한다. 법원이 법률과 시행규칙의 합헌성에 대한 결정을 기피할 시에는 정부, 슈라의회, 하원의회, 이해 당사자 모두의 권리는 보장된다. 법률이나 시행규칙의 조항이 비 합헌적이라는 판결은 법원이 관련 날짜를 규정하지 않는 한 즉시 효력을 발생한다. 비 합헌적이라는 판결이 형사 조항과 관련이 있다면 그러한 조항을 기초로 유죄판결을 공포했던 규정은 마치 없었던 것으로 간주된다.

국왕은 헌법과의 일치 정도를 결정하기 위해 법률안을 공포되기 전에 법원으로 이송하며, 그 결정은 국가의 모든 권력기관과 모든 이들이 준수할 의무가 있는 것으로 간주한다.

بأمر ملكي لمدة يحددها القانون، وتختص بمراقبة دستورية القوانين واللوائح.

ويبين القانون القواعد التي تكفل عدم قابلية أعضاء المحكمة للعزل، ويحدد الإجراءات التي تتبع أمامها، ويكفل حق كل من الحكومة ومجلس الشورى ومجلس النواب وذوي الشأن من الأفراد وغيرهم في الطعن لدى المحكمة في دستورية القوانين واللوائح. ويكون للحكم الصادر بعدم دستورية نصٍّ في قانون أو لائحة أثر مباشر، مالم تحدد المحكمة لذلك تاريخاً لاحقاً، فإذا كان الحكم بعدم الدستورية متعلقاً بنص جنائي تُعتبر الأحكام التي صدرت بالإدانة استناداً إلى ذلك النص كأن لم تكن.

وللملك أن يحيل إلى المحكمة ما يراه من مشروعات القوانين قبل إصدارها لتقرير مدى مطابقتها للدستور، ويعتبر التقرير ملزما لجميع سلطات الدولة وللكافة.

제5편
재정

제107조

1. 공공세금의 제정·개정·폐지는 법률에 의하지 아니하고서는 이루어지지 않는다. 어느 누구도 법률에 명시된 경우가 아니라면 전체적으로나 부분적으로 세금 납부를 면제받을 수 없다. 법규 내에서가 아니라면 어느 누구에게도 세금, 공공요금, 비용이 아닌 그 외의 것을 부과하는 것이 허용되지 않는다.

2. 세금, 공공요금, 그 외 공공자산의 수입과 지출 절차에 관한 규정은 법률로 규정한다.

3. 국가 재산의 보호와 관리, 그것의 처분 조건, 재산 일부에 대한 양도의 허용 한도에 관한 규정은 법률로

الباب الخامس
الشؤون المالية

(مادة ١٠٧)

أ– إنشاء الضرائب العامة وتعديلها وإلغاؤها لا يكون إلا بقانون، ولا يُعفى أحد من أدائها كلها أو بعضها إلا في الأحوال المبينة بالقانون. ولا يجوز تكليف أحد بأداء غير ذلك من الضرائب والرسوم والتكاليف إلا في حدود القانون.

ب– يبين القانون الأحكام الخاصة بتحصيل الضرائب والرسوم وغيرها من الأموال العامة، وبإجراءات صرفها.

ج– يبين القانون الأحكام الخاصة بحفظ أملاك الدولة وإدارتها وشروط التصرف فيها، والحدود التي

규정한다.

제108조

1. 공적 차관은 법률로 체결하며, 국가가 이 목적을 위해 예산법으로 규정한 자금 내에서 법률에 따라 차관을 빌리거나 보장하는 것이 허용된다.

2. 지자체의 지역 단체나 공공기관에게는 그와 관련된 법률이 규정하는 바에 의거하여 차관을 빌려주거나 빌리거나 보증하는 것이 허용된다.

제109조

1. 회계연도[40]는 법률로 규정한다.

2. 정부는 국가의 수입과 지출을 포함하는 연간예산안을 작성하고, 회계연도가 끝나기 최소한 2개월 전에 슈라의회와 하원의회에 제출한다. 연간예산안이 제출된 이후 두 의회의 재정 관련 위원회들이 정부와 함께 이를 토의

يجوز فيها التنازل عن شيء من هذه الأملاك.

(مادة ١٠٨)

أ- تُعقد القروض العامة بقانون، ويجوز أن تقرض الدولة أو أن تكفل قرضاً بقانون في حدود الاعتمادات المقررة لهذا الغرض بقانون الميزانية.

ب- يجوز للهيئات المحلية من بلديات أو مؤسسات عامة أن تقرض أو تقترض أو تكفل قرضاً وفقاً للقوانين الخاصة بها.

(مادة ١٠٩)

أ- تحدد السنة المالية بقانون.

ب- تعد الحكومة مشروع قانون الميزانية السنوية الشاملة لإيرادات الدولة ومصروفاتها، وتقدمه إلى مجلسي الشورى والنواب قبل انتهاء السنة المالية بشهرين على الأقل. وبعد تقديم المشروع تجتمع

하기 위해 합동 회의를 개최하고, 각각의 위원회는 토의가 끝난 뒤 소속 의회에 개별 보고서를 제출하며, 법률안은 헌법 규정에 의거하여 토의와 검토를 위해 슈라의회로의 송부를 위해 하원의회에 제출된다. 정부와의 합의로 예산법률안에 대한 개정에 개입하는 것은 허용된다.

3. 예산안 토의는 그것이 언급되어 있는 분류에 기초하여 이루어지며, 예산안은 최대한 연속 2년치를 준비하는 것이 허용된다. 공공수입 중 어느 것도 법률에 의하지 아니하고서는 지출 분야들 중 특정 분야에 할당되는 것이 허용되지 않는다.[41]

4. 국가의 공공예산은 법률로 공포한다.

5. 예산법이 회계연도 시작 전에 공포되지 못했다면 공포될 때까지 이전의 예산이 효력을 발생하며, 언급된 연도 말까지 효력을 발생하고 있는 법률에 의거하여 수입이 징수되고 비용이 지출된다.

اللجنتان المختصتان بالشئون المالية لكل من المجلسين في اجتماع مشترك لمناقشته مع الحكومة، وتقدم كل لجنة بعد انتهاء المناقشات تقريراً منفصلاً إلى المجلس الذي تتبعه، ويعرض مشروع القانون على مجلس النواب لمناقشته وإحالته إلى مجلس الشورى للنظر فيه وفق أحكام الدستور، ويجوز إدخال أي تعديل على مشروع قانون الميزانية بالاتفاق مع الحكومة.

ج– تكون مناقشة مشروع قانون الميزانية على أساس التبويب الوارد فيها، ويجوز إعداد الميزانية لسنتين ماليتين على الأكثر، ولا يجوز تخصيص أي إيراد من الإيرادات العامة لوجه معين من وجوه الصرف إلا بقانون.

د– تصدر الميزانية العامة للدولة بقانون.

هـ– إذا لم يصدر قانون الميزانية قبل بدء السنة المالية يعمل بالميزانية السابقة إلى حين صدوره، وتجبى الإيرادات وتنفق المصروفات وفقاً للقوانين المعمول بها في نهاية السنة المذكورة.

6. 예산법과 개정 법률에서 언급된 추정 비용의 최대한
도를 초과하는 경우는 허용되지 않는다.

제110조

예산에 언급되지 않거나 예산상의 추정액을 넘어서는
비용 지출은 반드시 법률의 시행 하에 이루어져야 한다.

제111조

1. 지출의 성격이 1년 이상의 회계연도를 필요로 하는
경우 정해진 액수 지출을 법률로 명시하는 것은 허용된
다. 각각의 예산에 관한 승인은 언급된 법률이 결정한
대로 국가의 연속적 연간 예산에 포함된다.

2. 1년의 회계연도를 초과하여 적용되는 예외적 예산은
이전 조항에서 언급된 지출에 할당되는 것이 허용된다.

و– لا يجوز بحال تجاوز الحد الأقصى لتقديرات الإنفاق الواردة في قانون الميزانية والقوانين المعدلة له.

(مادة ١١٠)
كل مصروف غير وارد في الميزانية أو زائد على التقديرات الواردة فيها يجب أن يكون بقانون.

(مادة ١١١)
أ– يجوز، بقانون، تخصيص مبالغ معينه لأكثر من سنة مالية واحدة، إذا اقتضت ذلك طبيعة المصرف، فتدرج في الميزانيات السنوية المتعاقبة للدولة الاعتمادات الخاصة بكل منها حسبما قرره القانون المذكور.
ب– يجوز كذلك أن تُفرد للمصرف المشار إليه في البند السابق ميزانية استثنائية تسري لأكثر من سنة مالية.

제112조

예산법이 새로운 세금의 제정, 기존 세금의 증대, 기존 법률의 개정, 이 헌법이 그 사안에 대한 법률 제정을 의무로 하고 있는 법률 공포를 회피하는 어떠한 조항을 포함하는 것은 허용되지 않는다.

제113조

전년도에 관한 국가 재무의 결산은 회계연도 종료 직후 5개월 이내에 하원의회로 먼저 제출되고, 슈라의회와 하원의회 각각의 견해가 첨부되어 공포되는 결의로 승인되며, 이는 관보에 게재한다.

제114조

독립적이고 부수적인 공공예산과 결산에 관한 규정은 법률로 규정하며, 국가 예산과 결산에 관한 규정을 그

(مادة ١١٢)

لا يجوز أن يتضمن قانون الميزانية أي نص من شأنه إنشاء ضريبة جديدة، أو الزيادة في ضريبة موجودة، أو تعديل قانون قائم، أو تفادي إصدار قانون في أمر نص هذا الدستور على أن يكون تنظيمه بقانون.

(مادة ١١٣)

الحساب الختامي للشئون المالية للدولة عن العام المنقضي يقدم أولاً إلى مجلس النواب خلال الأشهر الخمسة التالية لانتهاء السنة المالية، ويكون اعتماده بقرار يصدر عن كل من مجلس الشورى ومجلس النواب مشفوعاً بملاحظاتهما، وينشر في الجريدة الرسمية.

(مادة ١١٤)

يضع القانون الأحكام الخاصة بالميزانيات العامة المستقلة والملحقة وبحساباتها الختامية، وتسري في

사안에 적용한다. 또한 지자체와 지역 공공기관들에 관한 예산과 결산 규정은 법률로 규정한다.

제115조

정부는 연간예산안과 함께 국가의 금융과 경제 상황, 효력이 발생하고 있는 예산 승인 집행을 위해 채택된 대책에 관한 보고서를 슈라의회와 하원의회에 제출한다. 이 모든 것은 새로운 예산안에 의해 효력을 갖는다.[42]

제116조

재정 감독을 위한 기관이 법률로 설치되고 이의 독립성은 법률로 보장된다. 그 기관은 국가의 수입 징수와 예산의 한도 내에서 국가의 비용이 지출되고 있는지를 감독하며 정부와 하원의회에 협조한다. 그 기관은 정부와

شأنها الأحكام الخاصة بميزانية الدولة وحسابها الختامي. كما يضع أحكام الميزانيات والحسابات الختامية الخاصة بالبلديات وبالمؤسسات العامة المحلية.

(مادة ١١٥)

تقدم الحكومة إلى مجلسي الشورى والنواب، برفقة مشروع الميزانية السنوية، بياناً عن الحالة المالية والاقتصادية للدولة، وعن التدابير المتخذة لتنفيذ اعتمادات الميزانية المعمول بها، وما لذلك كله من آثار على مشروع الميزانية الجديدة.

(مادة ١١٦)

ينشأ بقانون ديوان للرقابة المالية يكفل القانون استقلاله، ويعاون الحكومة ومجلس النواب في رقابة تحصيل إيرادات الدولة وإنفاق مصروفاتها في حدود الميزانية، ويقدم الديوان إلى كل من

하원의회 각각에게 자신의 업무와 견해에 관한 연간보
고서를 제출한다.

제117조

1. 천연자원이나 공익사업에 대한 투자의 모든 책무는
법률과 제한된 기간에 의하지 아니하고서는 이루어지지
않으며, 예비 절차는 연구·탐색·공개조사·경쟁업무
의 진행을 보장한다.
2. 어떠한 독점도 법률과 정해진 기간에 의하지 아니하
고서는 허용되지 않는다.

제118조

화폐[43]와 금융, 규격과 도량형은 법률로 규정한다.

الحكومة ومجلس النواب تقريراً سنوياً عن أعماله
وملاحظاته.

(مادة ١١٧)
أ- كل التزام باستثمار مورد من موارد الثروة
الطبيعية أو مرفق من المرافق العامة لا يكون إلا
بقانون ولزمن محدود، وتكفل الإجراءات التمهيدية
تيسير أعمال البحث والكشف وتحقيق العلانية
والمنافسة.
ب- لا يمنح أي احتكار إلا بقانون وإلى زمن
محدود.

(مادة ١١٨)
ينظم القانون النقد والمصارف، ويحدد المقاييس
والمكاييل والموازين.

제119조

국고에 의해 결정되는(국가에서 지급하는) 급여 · 연금 · 배상금 · 보조금 · 보수는 법률로 규정한다.

(مادة ١١٩)

ينظم القانون شئون المرتبات والمعاشات والتعويضات والإعانات والمكافآت التي تقرّر على خزانة الدولة.

제6편

총칙과 최종 규정

제120조

1. 이 헌법의 제35조 제2항, 제3항, 제4항을 예외로, 이 헌법의 규정들 중 어느 하나라도 개정을 하기 위해서는 슈라의회와 하원의회를 각각 구성하고 있는 3분의 2의 과반수가 개정에 동의하고, 국왕이 개정을 승인함을 조건으로 한다. 만일 두 의회 중 어느 하나가 개정의 원칙이나 제안된 개정 문구에 동의하지 않는다면, 국회는 그 개정안을 조사하기 위해 의원 3분의 2의 출석으로 소집된다. 개정안의 결의를 위해서는 의원 3분의 2의 동의를 조건으로 한다.[44]

2. 만일 헌법에 대한 개정이 거부되면 이로부터 1년이

الباب السادس
أحكام عامة وأحكام ختامية

(مادة ١٢٠)

أ– يشترط لتعديل أي حكم من أحكام هذا الدستور أن تتم الموافقة على التعديل بأغلبية ثلثي الأعضاء الذين يتألف منهم كل من مجلس الشورى ومجلس النواب، وأن يصدِّق الملك على التعديل، وذلك استثناء من حكم (المادة ٣٥ بنود ب، ج، د) من هذا الدستور. فإذا لم يوافق أي من المجلسين على مبدأ التعديل أو على النص المقترح تعديله، يجتمع المجلس الوطني بحضور ثلثي أعضائه لبحث مشروع التعديل، ويشترط لإقرار مشروع التعديل موافقة ثلثي أعضاء المجلس.

ب– إذا رُفض تعديل ما للدستور فلا يجوز عرضه

지나기 전에 이를 다시 제출하는 것은 허용되지 않는다.

3. 이 헌법 제2조 개정의 제안은 허용되지 않으며, 또한 바레인의 왕정 체제와 승계 통치 원칙, 양원제와 이 헌법에 명시된 자유와 평등 원칙 개정 제안은 어느 상황에서라도 허용되지 않는다.

4. 이 헌법에 명시된 국왕의 권한은 (대리인이) 그를 대리하는 기간 동안에는 개정 제안이 허용되지 않는다.

제121조

1. 이 헌법의 적용은 바레인 왕국이 타 국가나 국제단체와 맺은 조약이나 협정에 영향을 미치지 못한다.

2. 이 헌법 제38조의 제2항과는 별도로, 이 헌법에 명시된 법규에 의거하여 개정되거나 폐지되지 않는 한, 국회가 개최한 첫 번째 회의 이전에 효력을 지닌 공포된 모든 법률, 법률적 칙령, 칙령, 시행규칙, 명령, 결의, 선포

من جديد قبل مضي سنة على هذا الرفض.

ج- لا يجوز اقتراح تعديل المادة الثانية في هذا الدستور، كما لا يجوز اقتراح تعديل النظام الملكي ومبدأ الحكم الوراثي في البحرين بأي حال من الأحوال، وكذلك نظام المجلسين ومبادئ الحرية والمساواة المقررة في هذا الدستور.

د- صلاحيات الملك المبينة في هذا الدستور لا يجوز اقتراح تعديلها في فترة النيابة عنه.

(مادة ١٢١)

أ- لا يخل تطبيق هذا الدستور بما ارتبطت به مملكة البحرين مع الدول والهيئات الدولية من معاهدات واتفاقات.

ب- استثناء من حكم الفقرة الثانية من (المادة ٣٨) من هذا الدستور يبقى صحيحاً ونافذاً كل ما صدر من قوانين ومراسيم ومراسيم بقوانين ولوائح وأوامر وقرارات وإعلانات معمول بها قبل أول اجتماع

는 합법적이고 유효하게 효력이 지속된다.

제122조

법률은 공포된 날로부터 2주 동안 관보에 게재되며, 게재된 날로부터 1개월 이후에 효력이 발생된다. 기간의 단축이나 연장은 법률의 특별 조항에 의해 허용된다.

제123조

이 헌법 조항 가운데 어떠한 조항의 정지도 법률이 규정하고 있는 테두리 내에서 계엄령이 선포된 기간이 아니고서는 허용되지 않는다. 계엄령 기간 동안이나 국가 안전 상황 선포 동안에도 슈라의회나 하원의회의 개최 중지나 의원에 대한 면책특권을 침해하는 어떤 상황도 허용되지 않는다.

يعقده المجلس الوطني ما لم تعدل أو تلغ وفقاً للنظام المقرر بهذا الدستور.

(مادة ١٢٢)

تنشر القوانين في الجريدة الرسمية خلال أسبوعين من يوم إصدارها، ويعمل بها بعد شهر من تاريخ نشرها، ويجوز، بنص خاص في القانون، تقصير هذا الأجل أو إطالته.

(مادة ١٢٣)

لا يجوز تعطيل أي حكم من أحكام هذا الدستور إلا أثناء إعلان الأحكام العرفية، وذلك في الحدود التي يبينها القانون. ولا يجوز بأي حال تعطيل انعقاد مجلس الشورى أو مجلس النواب أو المساس بحصانة أعضائه في تلك الأثناء، أو أثناء إعلان حالة السلامة الوطنية.

제124조

법률 조항은 효력 발효일로부터 발생한 것에 대해서가 아니라면 효력이 없으며, 발효일 이전에 발생한 것에 대해서는 어떠한 효력도 적용되지 않는다. 형사 조항이 아닌 경우에, 법조문은 소급효를 지닌 조항들에 대하여 효력을 발생하며, 이는 상황에 따라 슈라의회와 하원의회 또는 국회의 과반수 의원 동의로 허용된다.

제125조

개정된 이 헌법은 관보에 게재되며, 게재일로부터 효력을 발생한다.

하마드 빈 이사 알 칼리파

(مادة ١٢٤)

لا تسري أحكام القوانين إلا على ما يقع من تاريخ العمل بها، ولا يترتب عليها أثر فيما وقع قبل هذا التاريخ. ويجوز، في غير المواد الجزائية، النص في القانون على سريان أحكامه بأثر رجعي، وذلك بموافقة أغلبية أعضاء كل من مجلس الشورى ومجلس النواب أو المجلس الوطني بحسب الأحوال.

(مادة ١٢٥)

ينشر هذا الدستور المعدل في الجريدة الرسمية، ويعمل به من تاريخ نشره.

حمد بن عيسى آل خليفة

주석

바레인 헌법

1 아랍연맹(جامعة الدول العربية)은 1945년 3월 22일 중동 지역의 평화와 안전을 확보하고 아랍국가의 주권과 독립을 수호하기 위하여 결성된 연맹이다. 창립 회원국은 시리아, 요르단, 이라크, 사우디아라비아, 레바논, 이집트, 예멘 등 7개국이며, 2008년 현재 팔레스타인을 포함한 22개국이 가입해 있다. 본부는 이집트 카이로에 있다.

2 약 85%가 이슬람교도이며, 그 중 약 70%가 시아, 약 15%가 순니이다. 그 외 기독교인 약 9%를 비롯하여 힌두교도, 유대교, 토착종교가 공존하고 있다.

3 이슬람 샤리아는 이슬람법을 의미한다. 순니 이슬람 법학파에서는 코란, 하디스, 이즈마아(합의), 끼야스(유추)를 4가지 법원(法源)으로 간주하고 있다.

4 아랍어가 공식어이지만 영어도 널리 사용되고 있다. 그 외 이란어, 우루드어, 파키스탄어를 사용하는 사람들이 많다. 이는 바레인 내의 인종과 관계가 깊다. 바레인에는 바레인인이 약 63%, 아시아인 약 19%, 아랍인 약 10%, 이란인 약 8%가 거주하고 있다.

5 바레인의 국기는 2002년 2월 14일에 제정되었다. 빨간색은 페르시아만에 위치한 나라의 국기에서 사용되고 있는 색이며 깃대 쪽으로는 하얀색 띠가 그려져 있다. 빨간색과 하얀색은 5개의 톱니로 나뉘어 있다. 다섯 개의 톱니는 이슬람교의 다섯 기둥(신앙고백, 예배, 단식, 희사, 순례)을 의미한다. 1820년 이전까지 사용되고 있던 바레인의 국기는 빨간색 한 색으로만 이루어져 있었지만 1820년 하얀색 좁은 띠가 추가되었다. 1932년 이웃 나라와의 국기와 구분하기 위해 28개의 톱니가 추가되었으며 1972년 톱니를 8개로 수정하였다. 2002년 톱니를 5개로 수정하

여 오늘에 이른다.

6 제목은 "우리의 바레인(بحريننا)"이다. 무함마드 수드키 아야시가 작사하였으며 작곡
   자는 미상이다. 1971년 제정되었으나 가사는 2002년에 수정되었다. 내용은 "우
   리의 바레인, 우리의 국왕, 화합의 상징, 높은 지위와 가치, 샤리아의 길, 아랍주
   의와 그의 가치, 바레인 왕국이여 영원하라, 나라의 영광, 평화의 요람, 높은 지위
   와 가치, 샤리아의 길, 아랍주의와 그의 가치, 바레인 왕국이여 영원하라"이다.

7 상속에 관한 샤리아 규정은 매우 복잡하다. 코란에는 상속과 관련된 구절들이 발
   견된다: "부모와 가까운 친척이 남긴 재산을 남자에게 귀속하며 또한 부모와 가
   까운 친척이 남긴 재산은 여자에게 귀속되나니 남긴 것이 많든 적든 합당한 몫이
   있느니라"(코란 제4장 7절), "정당한 몫을 그들 주인들에게 주라 그리고 남은 것
   에 대해서는 남성 중에 가까운 친척부터 주라"(코란 제4장 11절). 자세한 것은
   최영길(1985). 『이슬람의 생활규범』, 명지대학교 출판부 참조

8 '무슬림 공동체'를 뜻한다. 기독교의 교회와 같이 신앙공동체를 나타내는 개념이
   다.

9 공립학교는 바레인 국민들에 한해서 무상교육을 실시하고 있다. 영국식 교육 시
   스템이 발달했으며 영어가 널리 통용되고 있다. 문자 해독률이 약 77%에 달하며
   주변 아랍국가들에 비해서 여성들의 문맹률이 현저하게 낮다. 교육제도는 3단계
   로 초등학교 6년제, 중학교 3년제, 고등학교 3년제이다. 고등학교 졸업생들은 예
   술, 과학, 교육 분야의 종합단과대학, 걸프공예대학, 보건대학으로 진학을 할 수
   있다.

10 바레인은 지하수가 부족하여 1960년대 이후 농업이 퇴조하고 있다. 바레인은 지
   하수의 양이 상당히 제한되어 있는데 반해 수요는 지나치게 증가하여 지하수가
   감소하고 토양의 염도는 상승하고 있다. 이에 따라 비옥했던 바레인 북부지역의
   농토는 1970년대 말까지 75%가 방치되었다(출처: 외교부).

11 걸프협력회의(مجلس التعاون الخليج الفارسي, Gulf Cooperation Council, GCC)는 걸프 아랍국
   가의 국제 경제 협력체이다. 정식 명칭은 걸프아랍국협력회의(Cooperation
   Council for the Arab States of the Persian Gulf, CCASG)이다. 1981년 5월 25일

설립되었으며 바레인, 쿠웨이트, 오만, 카타르, 아랍에미리트, 사우디아라비아가 회원국이다. 단일 국가별 경제협력에 대해서는 1981년 11월 11일 리야드에서 조인됐다.

12 바레인의 대표적인 자원은 원유, 원유 비수반 천연가스 등이다. 국가경제는 대부분 석유산업에 의존하고 있으나, 정부는 국내의 다양한 자원(알루미늄, 시멘트, 질소비료, 철광석 펠렛, 메탄올, 황, 모래)을 활용한 경제 구조 다변화를 꾀하고 있다. 바레인의 석유 생산, 정제량은 정부 재정수입의 70% 이상을, 수출액의 60%를, GDP의 11%를 차지한다. 원유 부문을 제외한 최대 산업은 알루미늄 생산 산업이다. 바레인은 생산량 측면에서 세계에서 가장 큰 알루미늄 제련소 보유 국가 중 하나이다. 2010년에 알루미늄은 전세계 생산량의 2.4%의 알루미늄을 생산하며 세계 9위 생산국으로 기록되었다(출처: http://blog.naver.com/ks920122?Redirect=Log &logNo= 220393774419).

13 행형이라 함은 징역·금고·구류 등 자유형의 집행 방법을 말한다. 넓은 의미에 있어서 행형은 사형수의 수용, 노역장 유치 및 미결수 수용 등도 행형법에 같이 규정하고 있어 이를 포함하고 있다. 그러나 행형은 본래의 의미가 자유형의 집행이므로 자유형의 집행 이외의 것은 보통 행형론에서 제외된다는 것이 좁은 의미의 행형이다. 자유형의 집행은 수형자에 대한 교육개선 등 교정적 요소를 포함하고 있는 반면에 수형자의 자유를 제한하는 것이므로 법률로써 그 집행방법을 규율하고 있다. 따라서 자유형의 집행에 관한 기본적인 사항을 규정하고 있는 법률이 행형법이다. 행형의 목적은 징역형·금고형·구류형 및 노역장 유치를 사회로부터 격리하여 교정교화하며, 건전한 국민사상과 근로정신을 함양하고 기술교육을 실시하여 사회에 복귀시키는 데 있다. 이와 같이, 행형의 목적이 교정에 있고 행형이 교정교육과 그 본질을 같이하고 있는 것이다(출처: 한국민족문화대백과).

14 난민의 일반적 의미는 생활이 곤궁한 궁민, 전쟁이나 천재지변으로 곤궁에 빠진 이재민을 말한다. 그러나 최근에는 주로 인종적, 사상적 원인과 관련된 정치적 이유에 의한 집단적 망명자를 난민이라 일컫고 있다(출처: 두산백과). 1948년 이

후 팔레스타인 난민은 약 300만명에 이르고 있으며, 2015년 9월 현재 시리아 난민의 수는 약 400만명에 육박하고 있다.

15 바레인 총 병력은 11,000명으로 이중 지상군이 8,500명이다. 바레인은 2개의 기갑대대가 M-60A3 전차 106여대를 보유하고 있다. 바레인 공군이 보유한 전투기는 F-5E/F 전투기와 F-16C/D 전투기 총합 49여대를 운용한다 바레인 해군은 1,770명(연안경비대 포함)이다(출처: http://bemil.chosun.com/nbrd/bbs/view.html? b_bbs_id=10044&num=151419).

16 행정부의 수장인 총리는 현 국왕의 삼촌인 샤이크 칼리파 빈 살만 알 칼리파 (1935-)이며, 1971년부터 현재까지 총리를 맡고 있다.

17 슈라의회 의원 40명은 국왕이 임면하며, 하원의회 의원 40명은 국민투표로 선출한다.

18 현재 왕세자는 국왕의 장남인 살만 빈 하마드 알 칼리파(1969-)이며, 2009년에 왕세자로 지명되었다. 2013년부터는 제1부총리를 겸하고 있다.

19 제42조 3항은 2012년에 공포된 헌법 개정에 따라서 개정됨.

20 2015년 현재 내각은 총리, 제1부총리, 부총리 4명, 장관 17명으로 구성되어 있다. 부처로는 내무부, 외무부, 산업무역부, 주택부, 보건부, 노동부, 에너지부, 사회발전부, 교통통신부, 금융부, 교육부, 정의·이슬람 회사부, 국방부, 노동·지방자치·도시계획부, 슈라의회·하원의회부, 후속대책부 등이 있다.

21 제46조에 2012년 공포된 헌법 개정에 따라 새로운 단락이 첨가됨.

22 제52조는 2012년에 공포된 헌법 개정에 따라 개정됨.

23 제53조는 2012년에 공포된 헌법 개정에 따라 개정됨.

24 제57조 제1항은 2012년에 공포된 헌법 개정에 따라 개정됨.

25 아랍어는 아랍연맹 국가들의 모국어다. 이슬람의 경전인 코란이 아랍어로 계시되었다. 아랍어 화자 수는 전세계에 약 3억 5천만 명 가량이며, 아랍어는 국제사회에서 6대 유엔 공용어의 하나이고, 아프리카단결기구(OAU)의 공용어이기도 하다. 무엇보다 아랍어가 아랍과 바레인인이라는 정체성을 드러내는 주요한 가치

라는 점에서 더욱 강조가 되고 있다.

26 제59조는 2012년 공포된 헌법 개정에 따라 개정됨.

27 하급심 판결에 대해 파기 권한을 가진 민사 및 형사상의 최고상소법원을 말한다.
    이 상급법원은 하급법원이 법을 제대로 적용했느냐 하는 관점에서만 판결을 고
    려하고 사건의 사실문제를 다루거나 사건의 재심을 맡지는 않으며, 그러한 일은
    상소법원이 담당한다. 자세한 것은 브리태니커온라인백과사전 참조.

28 제65조는 2012년 공포된 헌법 개정에 따라 개정됨.

29 제67조 제1항, 제2항, 제3항은 2012년 공포된 헌법 개정에 따라 개정됨.

30 제68조는 2012년 공포된 헌법 개정에 따라 개정됨.

31 제83조는 2012년 공포된 헌법 개정에 따라 개정됨.

32 제85조는 2012년 공포된 헌법 개정에 따라 개정됨.

33 제86조는 2012년 공포된 헌법 개정에 따라 개정됨.

34 제88조는 2012년 공포된 헌법 개정에 따라 개정됨.

35 제91조 첫 번째 단락은 2012년 공포된 헌법 개정에 따라 개정됨.

36 제92조 제1항은 2012년 공포된 헌법 개정에 따라 개정됨.

37 제102조는 2012년 공포된 헌법 개정에 따라 개정됨.

38 제103조는 2012년 공포된 헌법 개정에 따라 개정됨.

39 바레인 법원은 민사법원과 샤리아법원으로 이분된다. 민사법원은 상법, 민법, 형
    법과 비무슬림들의 지위와 관련된 재판을 담당하며, 샤리아법원은 무슬림들의
    지위와 관련된 재판을 담당한다. 초급법원과 중급법원의 판사는 법무부장관이
    추천하고 총리가 임명하며, 파기원에 해당하는 대법원의 판사는 재판장인 국왕
    이 임명한다.

40 바레인의 회계연도는 1월 1일부터 12월 31일까지이다.

41 제109조 제2항, 제3항은 2012년 공포된 헌법 개정에 따라 개정됨.

42 제115조는 2012년 공포된 헌법 개정에 따라 개정됨.

43 바레인의 공식 화폐는 바레인 디나르(دينار بحريني)이며, 공식 코드는 BHD이다. 바레

인 디나르는 걸프 루피를 10 루피 = 1 디나르 의 비율로 대체하기 위해 도입되었다. 바레인 디나르는 아랍어로 .ي.د 로 쓰거나 라틴어로 BD 라고 쓴다. 2015년 9월 15일 현재 바레인 1디나르는 3269원에 해당된다.

44 제 120 조 제 1 항은 2012 년 공포된 헌법 개정에 따라 개정됨.

바레인

아라비아의 진주 · 중동의 홍콩

1. 개관

국명	바레인 왕국(مملكة البحرين The Kingdom of Bahrain)
최고 통치자 (국왕)	(حمد بن عيسى آل خليفة) - 1950년 1월 28일생 - 제1대 아미르 이사 빈 살만 알 칼리파(عيسي بن سلمان آل خليفة)의 아들 - 1967년 6월 27일 왕세자로 임명됨. - 1974년 6월 26일 칼리파 가문위원회 위원장 대리로 임명됨. - 1999년 3월 6일 제2대 아미르가 됨. - 2002년 2월 14일부터 제1대 바레인 국왕(King of Bahrain)이 됨(바레인은 원래 독립 이후부터 토후국이었지만, 2002년 2월에 입헌군주국이 되었고, 최고통치자의 명칭도 '아미르'에서 '국왕'으로 변경됨). - 현재 왕세자는 살만 빈 하마드 빈 이사 알 칼리파(سلمان بن حمد بن عيسى آل خليفة)
정부형태	입헌군주제(constitutional monarchy) - 실제로는 절대군주제(absolute monarchy) 형태
입법부	양원제로 임기 4년 - 슈라의회(مجلس الشورى) 40명 - 하원의회(مجلس النواب) 40명
수도	마나마(바레인 최대 도시임)
독립일	1971년 8월 14일
행정구역	- 1971년 이후 처음으로 2002년에 12개 지방자치구에서 선거가 실시되었음. - 2002년 7월 3일 이후 5개 행정구역으로 조정됨: 수도권지구(محافظة العاصمة), 중앙지구(المحافظة الوسطى), 무하르라끄지구(محافظة المحرق), 북부지구(محافظة الشمال), 남부지구(محافظة الجنوب) - 2014년에 중앙지구가 폐지되어 4개 행정구역으로 조정됨.
면적	760㎢(싱가포르 697㎢ 보다 조금 크고, 제주도 1848㎢의 절반보다 작음)
인구	인구: 1,346,613(2015년 UN 자료)

	바레인인 46%, 남아시아인 45.5%, 타국 아랍인 4.7%(2010년 통계)
국어(공용어)	아랍어(영어 통용)
종교	국교: 이슬람 - 전체 인구의 약 85%(시아 70%, 순니 15%)가 무슬림 - 기독교도 9.5%, 힌두교도 6.3%
주요 산업	석유
GDP	341억 US $(2014년)
1인당 GDP(PPP)	28,146 US $(2014년)
화폐 단위	바레인 디나르(الدينار البحريني, BHD)
건국일	1971년 8월 15일 영국으로부터 독립
기후	고온 다습한 사막성 기후
국기와 국장	

2. 바레인 통치가문의 약사

이 름	통치 기간	명 칭
아흐마드 빈 무함마드 빈 칼리파 (أحمد بن محمد بن خليفة)	1783-1796	하킴(حاكم)

압둘라 빈 아흐마드 알 칼리파 (عبد الله بن أحمد آل خليفة)	1796–1834	하킴(حاكم)
살만 빈 아흐마드 알 칼리파 (سلمان بن أحمد آل خليفة)와 공동 통치	1796–1825	
칼리파 빈 살만 알 칼리파 (خليفة بن سلمان آل خليفة)와 공동 통치	1825–1834	
무함마드 빈 칼리파 알 칼리파 (محمد بن خليفة آل خليفة)	1834–1842 1849–1868	하킴(حاكم)
알리 빈 칼리파 알 칼리파 (علي بن خليفة آل خليفة)	1868–1869	하킴(حاكم)
무함마드 빈 압둘라 알 칼리파 (محمد بن عبد الله آل خليفة)	1869-1869	하킴(حاكم)
이사 빈 알리 알 칼리파 (عيسى بن علي آل خليفة)	1869–1932	하킴(حاكم)
하마드 빈 이사 알 칼리파 (حمد بن عيسى آل خليفة)	1932–1942	하킴(حاكم)
살만 빈 하마드 알 칼리파 (سلمان بن حمد آل خليفة)	1942–1961	하킴(حاكم)
이사 빈 살만 알 칼리파 (عيسى بن سلمان آل خليفة)	1961–1971 1971–1999	하킴(حاكم) 아미르(أمير)
하마드 빈 이사 알 칼리파 (حمد بن عيسى آل خليفة)	1999–2002 2002–2015 현재	아미르(أمير) 국왕(ملك)

3. 걸프지역의 근.현대와 걸프국가 건설

역사적으로 수메리아인(Sumerians), 그리스인[1], 로마인[2], 이집 트인, 페르시아인[3], 포르투갈인(Portuguese), 터키인(Turks), 와

합주의자(Wahhabi), 오만인(Omani), 영국인(British)이 바레인 섬들을 포함한 걸프에서 각기 자신들의 이익을 추구하였다. 7세기 초 사산조 페르시아(226-651)를 대신하여 바레인 지역을 통치하고 있던 기독교 아랍인 통치자는 이슬람을 받아들이라는 예언자 무함마드의 서신을 받고 무슬림으로 개종하였다고 한다. 이후 기독교인과 무슬림이 평화롭게 공존하였다. 바레인은 우마이야조(661-750)와 압바스조(750-1258)에 편입되었다. 8세기에 바그다드가 압바스조의 수도가 되면서 바레인을 포함한 아랍 걸프지역은 무역, 전략, 금융의 중심지로 떠올랐다. 이때는 압바스조의 칼리파 하룬 알라쉬드(786-809 재위)가 이끈 문화 부흥기였다. <아라비안 나이트(천일야화)>의 배경이 되는 시대였는데[4], 질 좋은 진주 무역도 번창하였다. 당시 매우 발달한 아랍인들의 항해술 덕분에 9,600킬로미터나 떨어진 중국과 정규적인 무역거래가 가능하였다. <아라비안 나이트>에 등장하는 「신드바드(Sindbad)의 모험」, 「알라딘과 요술램프」, 「알리바바와 40인의 도둑」 이야기는 이러한 장거리 무역과 여행, 연애, 범죄, 그 시대의 동화 등을 반영한 것이다.[5]

압바스조 초기 상업의 중심지는 페르시아인과 아랍인이 많이 살고 있던 오만의 소하르(صحار)였고, 제2의 무역항은 무스카트

(مسقط)였다. 그 외에도 바스라(البصرة), 시라프(سيراف), 키심(جزيرة الطويلة),
그리고 14세기 초부터 포르투갈이 걸프ㅍ지역에서 주도권을 잡
을 때까지 군사적으로나 상업적으로 최고조에 도달했던 호르무
즈(Hormuz) 섬이 주요 상업도시였다. 이 때 바레인 군도는 진
주 무역의 중심지였다.

오만인들은 약 1487년경에 바레인과 무하르라ㄲ섬을 점령하
였다. 1485년경 포르투갈 탐험가 두아르테 바르보사(Duarte
Barbosa)가 유럽인 최초로 바레인을 방문하였다. 그로부터 36
년 후에 포르투갈 해군이 바레인을 점령하였다. 1498년 이전까
지 걸프와 아라비아해 상업의 주도권은 아랍인이 쥐고 있었으
나, 1498년 포르투갈의 바스코 다 가마(Basco da Gama, 1469-
1524)가 희망봉(Cape of Good Hope)을 탐험하는데 성공하면서
포르투갈이 걸프에서도 주도권을 잡을 수 있는 계기를 마련하
였다.[6] 1498년 이후에는 포르투갈, 네덜란드, 프랑스, 영국이 차
례로 주도권을 잡았다. 포르투갈의 걸프 지배력은 16세기에 절
정에 달하였다. 포르투갈의 알부케르케(Albuquerque)가 무스카
트를 점령하면서 오만 동남 해안 지대의 항구 대부분이 포르투
갈 통제 하에 들어갔다. 포르투갈은 1514년에 호르무즈를,[7]
1524년경부터 바레인을 통제하였다. 포르투갈의 걸프 점령 이

후 500여년 동안 서구 강대국들이 이 지역에서 주도권을 잡기 위해 서로 경쟁하였다.

1517년에 오스만제국이 아라비아반도 젯다에서 포르투갈을 물리쳤고, 1602년에는 페르시아의 사파비조(1502-1722) 통치자 샤 압바스(Shah Abbas, 1587-1629)의 군대가 영국 동인도회사(English East India Company)의 도움을 받아 바레인을 점령하면서 포르투갈의 걸프지역 주도권은 약화되기 시작하였다. 17세기에는 걸프지역을 두고 네덜란드, 프랑스, 영국이 경쟁하였다. 유럽 패권국의 걸프 주도권 경쟁의 중심지는 바레인과 무스카트였다. 이러한 상황에 편승하여 이 지역의 권력자들도 지역 장악을 위해 경쟁하였다. 1660년에 오만의 야리바(Yaribah) 부족이 무스카트를 점령한 후 십여 년 뒤에 바레인에서 페르시아를 쫓아냈으나, 1736년에 권력을 잡은 페르시아의 나디르 샤(Nadir Shah)는 바레인과 무스카트를 재 점령하였다. 그러나 페르시아의 무스카트 점령은 오래 가지 못하였다. 오늘날 오만을 통치하고 있는 알부사이드조(الدولة البوسعيدية)의 창건자이자 소하르의 통치자였던 아흐마드 빈 사이드(احمد بن سعيد)의 군대가 페르시아를 축출하였다. 19세기에 오만은 사이드 빈 술탄 알부사이드(سعيد بن سلطان البوسعيدي)의 통치 아래 해상제국을 건설하였다.

18세기 중엽 오만의 알부사이드조 건국과 거의 같은 시기에 걸프 국가들에게 지속적으로 영향을 미치는 두 개의 사건이 발생하였다. 첫째, 인도에서 클라이브(Robert Clive, 1725-74) 장군이 승리함으로써 영국이 인도 북동 해안에 대한 지배권을 확립하고, 인도 내륙으로 영국의 영향력이 확장될 수 있는 길이 열린 사건이다. 걸프지역의 안전은 영국이 인도로 가는 무역로를 보호하는 것이었기 때문에 이 사건은 영국에게 큰 이익을 가져다 주었다. 두 번째 사건은 아라비아반도 중앙에서 셰이크 무함마드 빈 압둘와합(شيخ محمد بن عبد الوهاب)이 주도하는 와하비 운동(Wahhabi Movement)의 부상이었다. 와하비운동의 기본 이념은 '이슬람의 원래 원리로 회귀'였고, 주요 이론적 교의는 '신의 유일성 또는 통합성(Oneness or Unity of God)'이었다. 와하비들은 아라비아반도 중부 나즈드(نجد)의 다리야(Dariyyah)를 통치하고 있던 사우드 가문(آل سعود)과 동맹을 맺었다. 이 동맹이 오늘날 사우디아라비아의 기반이 되었다.

이 두 사건으로 현대 걸프지역 형성의 기본 틀이 만들어졌다. 이후 200년 이상 이 기본 틀 내에서 많은 사건들이 발생하였고, 오늘날 여러 걸프 국가가 형성되었다. 그 중의 하나가 까시미(القاسمي) 부족 연합의 부상이었다. 까시미 부족 연합의 중심지는 오늘날 아랍에미리트의 일원이 된 샤르자(الشارقة)와 라으스 알카이마(رأس الخيمة)였다. 까시미 부족 연합은 페르시아와 아랍 해안지역에 영향을 미쳤고, 영국의 동인도회사 무역에 걸림돌이 되기도 하였다. 와하비들과 동맹을 맺는 등 까시미 부족 연합의 영향력은 18세기 내내 확대되었고, 결국 영국과 전쟁을 치렀다. 1809년 영국 원정군이 라으스 알카이마를 점령하자 주변 움물꾸와인(أم القيوين), 아즈만(عجمان), 아부다비(أبوظبي), 두바이(دبي), 바레인(البحرين)의 셰이크들이 공동 대응에 나섰다. 영국군이 라으스 알카이마를 제압하고 까시미 부족 연합의 함대를 완전히 파괴한 후인 1820년에 휴전협정체계(Trucial System)가 형성되기 시작하였다.

까시미 부족 연합, 아즈만, 움물꾸와인, 아부다비, 두바이, 바레인의 셰이크들은 영국에 항복하고, 영국정부와 개별적으로 일반평화조약(General Treaty of Peace)을 체결하였다. 이 조약에서 각 셰이크들은 육상과 해상에서 약탈행위를 하지 않는 대신 영국은 각 지역에서 영토적·정치적 야망을 갖지 않고 지역의 일에 개입하지 않는다는 것을 분명히 밝혔다. 이 조약으로 인하여 현대 걸프 국가들이 분리된 채로 탄생하였고, 각 셰이크들이 통치자로 등극하였다. 이들 국가는 영국과 '조약관계(treaty relations)'를 맺었다. 1820년 조약으로 영국 상선에 대한 공격은 그쳤지만, 해안 지역 부족들 사이의 전쟁은 막지 못하였다. 그래서 1835년에 아부다비, 두바이, 샤르자, 아즈만의 통치자들은 서로 보복하지 않고 상호 공격행위를 영국에 알려주기로 하는 '1년 정전(one year truce)'에 서명하였다. 이들 통치자들은 다음 해에 이 정전협정에 재 서명하였는데, 1853년 영구해상협정(Perpetual Maritime Truce)이 체결될 때까지 서명은 여러 차례 더 이루어졌다. 영국은 영구해상협정에서 '해적(piracy)'이란 단어를 '해상불법(maritime ir-regularity)'이란 용어로 바꾸었다. 영구해상협정에 서명한 국가들은 1971년 아랍에미리트연합(الإمارات العربية المتحدة)이 형성될 때까지 '협정국가(Trucial States)'로 알려졌고, '협정 오만국가(Trucial Oman)', '협정 해안(Trucial Coast)' 등과 같은 용어가 사용되었다.

협정국가들을 지배한 부족은 까시미 부족과 야스(بنو ياس) 부족이었다. 야스 부족은 육지를 지배한 부족이었는데, 바니 야스의 두 분파가 두바이와 아부다비를 각각 통치하였다. 까시미 부족 연합은 주로 해안지역을 통치하였다. 영국과 새로운 관계를 맺음에 따라 까시미 부족 연합의 세력이 점차 약화된 반면, 바니 야스 부족의 힘이 점차 강해졌다는 사실은 주목할 만하다. 19세기 말에는 야스 부족이 협정국가들 중에서 가장 강력한 힘을 갖게 되었는데, 이러한 힘은 1950년대까지 지속되었다. 1958년 아부다비에서 거대한 석유지대가 동시에 여럿 발견되면서 야스 부족의 지위는 더욱 강해졌다. 바레인의 셰이크는 1821년 일반 평화조약에 서명했지만, 영국에 대한 모든 형태의 해상 적대감을 단절하는 대신에 해상으로부터 바레인에 대한 공격을 영국이 막아주겠다고 약속한 1861년까지 휴전협정체계에 편입되지 않았다.

19세기 말 영국은 걸프지역에서 오스만제국, 프랑스, 러시아, 독일 등으로부터 도전을 받기 시작하였다. 영국은 그 지역 통치자들과 다른 조약을 체결함으로써 우월성을 유지하고자 하였다. 영국은 오스만제국이 바레인을 지배하는 것에 대비해서 1880년에 '바레인의 셰이크와 후계자들은 영국정부의 동의 없이는 다른 강대국과 어떠한 형태의 협정도 맺지 않는다', '영국의 승인 없이는 어떠한 종류의 외교기관(foreign agency)의 설립도 받아들이지 않는다'는 내용의 협정을 맺었다. 1892년 바레인과 협정국가들의 통치자들은 영국과 배타적 협정(Exclusive Agreement)에 서명하였다. 1880년 영국-바레인협정과 거의 같은 내용이었으나, 추가적으로 영국과 비양도동맹(non-alienation bond)이라는 내용이 추가되었고, 이는 '영국 외의 다른 강대국에게 영토의 어떠한 부분도 양도, 매도, 임대할 수 없다'는 것을 의미하였다.

걸프 국가 통치자들과 한 협상은 봄베이 영국 정부(British Government of Bombay)가 담당하였는데, 1873년 이후에는 인도의 영국정부(British Government of India)가 떠맡았다. 1946년 본부가 바레인으로 바뀔 때까지 이란 남부 부셰흐르(Bushehr)에 있는 정치사무관(Political Resident)이 행정을 담당하였는데, 정치사무관 아래 정치대리인들(Political Agents)이 쿠웨이트, 바레인, 샤르자, 무스카트에 머물면서 행정을 맡았다. 1947년 인도가 독립하면서 인도의 영국 정부가 해체되었고, 걸프지역 업무도 런던의 외무국(Foreign Office in London)이 관장하였다. 정치사무관과 정치대리인 제도는 협약 관계가 종료된 1971년까지 남아 있었다.

걸프국가 통치자들은 1913년과 1922년 간 석유 채굴과 관련하여 영국정부가 임명한 기업 이외의 회사에 석유 채굴권을 주지 않는다는 내용을 골자로 한 여러 조약을 영국과 마지막으로 맺었다.

4. 바레인 국가 설립과 발전

바레인은 싱가포르 정도의 넓이를 가진 나라로, 30개 이상의 섬들로 구성된 섬나라이다. 아랍어로 바레인(البحرين)은 '두 바다(two seas)'라는 의미다. 자연적으로 형성된 항구, 주변 다른 지역에 비하여 신선한 물이 풍부하여 경작을 할 수 있었고, 고대 무역로 전략지역에 위치하여 거주민들은 주로 무역업에 종사하였다. 이 섬은 기원전 6,000년경에 아라비아반도로부터 떨어져 나왔고, 선사시대부터 사람이 살았다. 바레인 섬은 기원전 3,000년경에 세계사에 등장하는데, 고대 딜문(Dilmun)이라는 무역제국이 바레인 섬에서 2,000년 이상 동안 유지되었다. 딜문의 상인들은 메소포타미아의 도시국가들 사이에서 다양한 상품을 교역하는 역할을 하였다. 특히 야자열매와 더불어 고대 자료에 '물고기의 눈(fish-eyes)'이라고 기록되어 있는 진주를 수출하였다. 수메리아인의 시(詩)에는 딜문제국의 땅이었던 걸프의 서해안지역, 즉 아라비아반도 동쪽 해안이 "천국의 땅(the Land of Paradise), 생명의 땅(the Land of Living), 신들의 고향(the Home of Gods)"으로 묘사되었다(Rosemarie Said Zahlan 2002, 7). 딜문은 북쪽으로는 수메르문명과 메소포타미아문명, 동쪽으로는 인더스 계곡을 잇는 무역로

상 전략지역에 위치해 있어서 제국으로 발전할 수 있었다. 이러한 전략 지역에 위치해 있었기 때문에 고대 마간(Magan, 오늘날의 오만)의 중심지이기도 하였다. 고고학자들은 딜문 시기를 딜문 형성기(기원전 3,200-2,200), 딜문 초기(기원전 2,200-1,600), 딜문 중기(기원전 1,600-1,000), 딜문 후기(기원전 1,000-330)로 구분한다. 딜문 후기에 바레인 섬은 앗시리아제국과 바빌론제국에 흡수되었다.

칼리파 가문이 바레인에서 주도권을 잡은 것은 18세기 말 이후이다. 18세기 중엽에 쿠웨이트 사바흐 가문(الصباح)의 먼 친척인 칼리파 가문이 쿠웨이트로부터 바레인 군도로 이주하였고, 바레인으로부터 몇 킬로미터 정도 밖에 떨어지지 않은 카타르반도의 북서 끝자락 주바라(الزبارة)에 정착하였다. 당시 바레인을 통제하고 있던 페르시아인들은 가까운 곳에 정착한 칼리파 가문을 탐탁지 않게 생각하여 주바라를 공격하였으나 실패하였다. 페르시아인들의 공격에 대한 보복으로 1783년에 칼리파 가문은 아흐마드 빈 무함마드(محمد بن أحمد)의 지휘 하에 바레인을 공격하여 페르시아인들을 바레인에서 몰아냈다.[8] 아흐마드 빈 무함마드는 쿠웨이트 거주 사바흐 가문 인척들의 도움을 받아 페르시아군을 쫓아내고 바레인 군도, 특히 아라비아반도 본토로부터 떨어져 있어서 와하비들의 침략으로부터 상대적으로 자유로운 바레인 섬과 무하르라끄섬을 점령하였다. 이 때부터 칼리파 가문의 바레인 통치 시대가 시작되었다. 아흐마드 빈 무함마드는 칼리파 가문의 한 사람으로서 나중에 '세이크 아흐마드 알파티흐(شيخ أحمد الفاتح), 정복자 아흐마드(Ahmed the Conqueror), 바레인 왕조의 설립자'로 더 잘 알려졌다(Rosemarie Said Zahlan 2002, 98).

아흐마드 빈 무함마드는 1796년 사망할 때까지 바레인군도를 통치하였다. '정복자 아흐마드'가 사망하자 계승자들 사이에 바레인군도 통치권을 둘러싸고 분쟁이 발생하였다. 먼저, 아흐마드가 사망하자 두 아들 압둘라 빈 아흐마드(عبد الله بن أحمد)와 살만 빈 아흐마드(سلمان بن أحمد)가 바레인을 공동 통치하였지만, 3년 후, 275년 전 포르투갈군에게 쫓겨났던 오만군이 재 침략하자 살만 빈 아흐마드는 주바라로, 압둘라 빈 아흐마드는 아라비아반도로 후퇴하였다. 1820년에 이들 두 형제는 바레인을 재 정복하고, 영국과 조약을 체결하였다. 이후 200년 이상 영국은 동인도회사 형태로 이 지역에 존재하였다. 조약의 골자는 영국 상선에 대한 바레인 사람들의 해적행위를 금지한다는 것이었는데, 향후 20여년 동안 영국은 이 지역에서 이와 유사한 조약을 체결하였다. 살만 빈 아흐마드가 1825년에 사망하자 그의 아들 칼리파 빈 살만(خليفة بن سلمان)이 압둘라와 공동 통치하였고, 칼리파가 1834년에 사망하자 압둘라가 몇 년 동안 홀로 다스렸다. 인도가 점점 중요시되면서 영국은 걸프지역 안전을 필요로 하였다. 1835년 바레인과 걸프의 셰이크들은 영국 왕실 해군의 통제를 받으면서 해적행위를 중단한다는 평화조약을 체결하였다. 칼리파가 사망하고나서 몇 년 후 그의 아들 무함마드 빈 칼리파(محمد بن خليفة)가 압둘라 빈 아흐마드의 권위에 도전하기 시작하면서 바레인은 분란에 휩싸였다. 무함마드 빈 칼리파는 공동 통치자로서 무하르라끄에 본부를 수립하고 1843년에 카타르의 주바라를 점령하고 난 후 압둘라 빈 아흐마드의 통치권을 폐지하였다. 압둘라 빈 아흐마드는 그로부터 5년 후에 사망하였다. 무함마드 빈 칼리파는 반대자 없이 몇 년 동안 홀로 통치하였다. 그는 1861년에 영국과 영구평화우정조약(Treaty of Perpetual Peace and Friendship)을 체결하였다. 이 조약은 최초의 배타적 협정인데, 걸프지역의 다른 셰이크들도 이와 유사한 조약을 맺었다. 조약을 체결함으로써 무함마드와 걸프의 셰이크들은 영국이 외부 침입으로부터 보호해 주는 대가로 영국이 외교문제에 대한 통제권을 행사하는 것을 허용하였다. 여러 다른 협정 또한 1881년과 1891년에 체결되었다.

압둘라 빈 아흐마드의 아들인 무함마드 빈 압둘라(محمد بن عبد الله)

는 아라비아 본토에 기반을 두고서 아버지를 폐위시킨 데 대한 복수를 하고자 무함마드 빈 칼리파에 도전하기 시작하였다. 그는 바레인을 침략하였는데, 이러한 소동 중에 바레인과 카타르 간 전쟁이 발생하였다. 이 전쟁은 1868년에 끝났다. 무함마드 빈 칼리파가 카타르로 피신하자, 그의 동생 알리 빈 칼리파(علي بن خليفة) 가 바레인의 통치권을 선언하였다. 카타르에 망명한 무함마드 빈 칼리파는 카타르의 지원을 받아 새 함선을 만들어 바레인을 침략하였고, 1869년에 동생 알리 빈 칼리파를 살해하였다. 그러나 사촌인 무함마드 빈 압둘라에 대한 전투를 중단하고 오히려 무함마드 빈 압둘라에게 정복군의 지위를 부여하였다. 바레인을 정복하고 난 후 무함마드 빈 압둘라는 아버지 폐위에 대한 복수로 무함마드 빈 칼리파를 신속하게 권좌에서 끌어내리고 투옥하였다. 페르시아의 해안 항구 부셰흐르(Bushehr)에 총독부를 갖고 있던 영국은[9] 이러한 상황을 예의주시하다가, 무함마드 빈 칼리파와 무함마드 빈 압둘라를 봄베이로 추방시킨 후 알리 빈 칼리파의 아들인 이사 빈 알리(عيسى بن علي)를 아미르로 임명하고 왕세자 임명권을 주었다.

당시 21살에 불과하였던 이사 빈 알리는 63년(1869-1932년) 동안 바레인을 통치하였다. 이처럼 19세기의 권력투쟁은 1869년에 영국이 이사 빈 알리에게 통치권을 부여하면서 끝났고, 영국의 영향력은 더욱 강화되었다. 이사 빈 알리 이후 바레인에서는 장자 상속법이 적용되어 지금까지 이사 빈 알리의 후손들이 왕위를 계승하고 있다. 장자상속 원칙은 헌법에 명문화되어 있다.[10] 이사 빈 알리는 오랜 기간 바레인을 통치하면서 국가를 안정시키고 장자 상속권을 확립하여 왕가 가계의 질서를 세웠다.

1932년에 이사 빈 알리는 영국총독부(Political Resident)의 간섭으로 인하여 그의 아들 하마드 빈 이사(حمد بن عيسى)에게 왕위를 양위하여야만 하였다.[11] 바레인 사람들은 이사 빈 알리가 사망할 때까지 이러한 강제적인 왕위 양위를 받아들일 수 없었기 때문에 셰이크 하마드 빈 이사를 부왕으로 간주하였다(Rosemarie Said Zahlan 2002, 98). 영국 총독부는 바레인의 새로운 국가 관료제의 기틀이 된 행정 조치를 연속적으로 발표하였다. 관세부는 영국인을 국장으로 하도록 재 조직하였고, 연간 왕실 비용이 책정되었으며, 통치자에 대한 영국인 고문으로 벨그레이브(C. Dalrymple Belgrave)를 임명하였다. 바레인 사람들은 영국의 통치자 강제 퇴위와 새로운 행정 조치들에 대해 분노하였다.

1932년에 바레인 국민의회(Bahrain National Congress)가 구성되었다. 국민의회는 이사 빈 알리의 왕권 복귀, 그에 대한 자문위원회(Consultative Council) 구성, 진주산업에 대한 권력 남용 제한, 진주잡이 위원회 구성, 바레인 국내문제에 대한 영국 총독부의 개입 제한 등을 요구하였다. 국민의회의 모든 구성원들은 순니였으나 명망 있는 시아들의 협력과 지지를 얻기 위해 노력하였지만 결국 성공하지 못하였고, 시아들은 영국의 보호에 의존하였다. 순니에 대한 시아들의 이러한 불신은 오늘날까지도 이어지고 있다. 국민의회의 요구는 영국의 반대에 직면하였고, 구성원들은 체포되거나 인도로 추방되었다. 바레인 최초의 국민의회의 정치 참여 시도는 실패하고 말았다. 그러나 국민의회에 대한 열망은 사라지지 않았고, 영국의 불승인에도 불구하고 살아남았다.

한편 1931년 10월 자발 두칸(جبل الدخان)에서 바레인 최초로 유정이 발견되어 다음 해 6월 걸프지역에서 처음으로 하루 9,000배럴 이상의 석유가 생산되면서 정부의 예산 수입이 발생하였다. 바레인 정부는 영국인 정치고문인 벨그레이브의 도움으로 새로운 부서를 만들고 근대 국가를 건설하는데 석유수입을 전용하기 시작하였다. 걸프지역 최초 석유 부국이 된 것이다. 1930년대에 바레인석유회사(Bahrain Petroleum Company, BAPCO)가 설립되어 고용을 확대시키고, 석유로 벌어들인 국가 재정의 투입으로 교육, 출판, 문화, 스포츠 등 많은 분야가 발전하였으나, 석유기반 경제는 또 다른 문제를 가져다 주었다. 1936년에 석유정련시설을 건설하기 위해 미국의 기술자들이 다수 바레인에 왔고 상점들이 속속 들어서기도 했지만, 이듬해에 교육 받은 젊은이들이 BAPCO에 고용되지 못하고 상인들의 장사도 시원찮은 등 갑작스럽게 경기가 둔화되었다. 이에 반해 칼리파 왕가는 석유로부터 많은 부를 축적하였다. 새롭게 도입된 복잡한 정부 행정은 통치자와 국민 사이의 간극을 더욱 넓혔다. 또한 외국인에게 의존하던 법정의 비효율성과 부당성, BAPCO가 교육 받은 사람들을 고용하지 못할 뿐 아니라 불만족스러운 고용 관계 및 고용 조건 등이 현안으로 떠오르면서 '석유산업의 바레인화'에 대한 요구가 표출되었다.

1938년에 많은 지지를 받은 개혁운동이 마즐리스(مجلس) 설립 운동으로 발전하였다. 이 시기에 '국민의 대표(the Representative of the People)', '자유청년협회(the Society of Free Youth)', '비밀노동조합(the Secret Labour Union)' 등 개혁운동 세력이 형성되어 불만을 표출하였으나 정치고문인 벨그레이브와 BAPCO의 협동 대응에 큰 역할을 하지 못하였다. 1938년에 발생한 개혁운동은 석유국가 설립에 대한 걸프지역 내 최초의 중요한 반항이었다. 제2차 세계대전의 발발로 정치행위는 자제되었고, 항의의 표현은 주로 1920년대와 1930년대에 학생, 갓 대학을 졸업한 졸업생, 상인, 남자교사들, 석유회사 노동자들이 문학적, 지적 토론을 하였던 클럽에서 이루어졌다. 1939년에는 걸프 최초의 신문 '바레인(Bahrain)'이 창간되었고, 추축국(樞軸國, Axis Powers)의 선전에 대응하기 위하여 1940년에 영국의 정보부가 '바레인방송국(Bahrain Broadcasting Station)'을 설립하였다.

순니, 시아, 이란인 등 모든 바레인 국민은 1947년 UN의 팔레스타인 분할안 항의에 동참하였고, 당시 통치자였던 살만 빈 하마드(سلمان بن حمد, 1942-1961 재임)도 팔레스타인 인들에 대한 동정심을 표했으나 정책적 행동으로는 이어지지 못하였다. 이집트에서 나세르 중심의 자유장교단이 쿠데타에 성공한 다음 해인 1953년부터 바레인 정부와 반정부 세력 간 충돌이 지속되었고, 수에즈전쟁이 발생한 1956년에 최고조에 달하였다. 총체적인 욕구불만은 민족주의, 반영 감정과 결합하여 공개적인 반정부 저항운동으로 발전하였다. 그러나 영국군의 지원을 받은 정부는 모든 반대세력을 진압하고 긴급조치를 내리고, 모든 정치 행위를 금지하였다.

1953년 9월 시아파의 아슈라(العاشوراء) 기간에 순니와 시아 간 심각한 분쟁이 발생하였고, 1954년 6월에도 순니파 판사의 판결에 불만을 가진 시아파가 폭동을 일으키는 등 종파 간 갈등도 심화되었다. 시아파들은 영국의 보호를 요청하고 총파업을 선언하는 등

격렬하게 저항하였으나 순니파 부족원과 통치가문 지지자들은 어떠한 대가를 치르더라도 이를 저지하려고 하였다. 이 때 네 명의 순니파와 네 명의 시아파 인사들이 모여 고등집행위원회를 구성하고 대의 정체(representative government) 수립만이 유혈사태를 막을 것이라고 주장하였다. 그들은 살만 빈 하마드에게 입법의회(legislative assembly) 선거 시행, 민법과 형법의 성문화, 노동조합 설립, 항소법원(a court of appeal) 설립을 허용해 달라고 청원하였다. 하마드는 입법의회 설립은 반대하였으나 건강, 교육, 정책 문제를 감독할 위원회 설립을 발표할 준비를 하고 있었다. 이에 대해 고등집행위원회는 총파업을 단행함으로써 1주일 동안 모든 작업이 중단되었다(Rosemarie Said Zahlan 2002, 66-70). 이러한 혼란을 수습하기 위해 영국인 정치고문인 벨그레이브가 양측을 중재하여 수 차례 모임을 가졌다. 그 결과 고등집행위원회는 입법의회 설립 요구를 철회하고 통치자는 국민통합위원회(Committee for National Unity) 아래에 고등집행위원회를 둔다는 데 합의하였다. 또한 벨그레이브가 더 이상 바레인에 남아있어서는 안 된다는 데 합의함으로써 벨그레이브는 1957년에 바레인을 떠났다. 논쟁의 대상이 되었던 통치자 고문국을 폐지하고 정부부서로 대체하였다가 1971년 독립 이후 내각(Council of Ministers)으로 변경하였다.

1956년 영국, 프랑스, 이스라엘이 이집트를 침략하자 11월에 전국적으로 자발적인 항의 시위가 발생하였다. 이 시위는 처음에는 평화적이었으나 점차 폭력적으로 변하였다. 정부는 국민통합위원회가 책임을 져야 한다고 주장하면서 지도자들을 체포하여 성 헬레나 섬(St. Helena Island)으로 추방하고, 위원회를 해산하였다. 정부는 어떠한 항의 시위도 할 수 없도록 10년 동안 긴급조치를 발동하였다. 그러나 BAPCO가 수 백 명의 근로자를 해고시키자 1965년 3월에 학생들이 항의 시위를 시작하였고, 지하에서 활동하고 있던 여러 정치단체들이 합류하여 진보군 국민전선(National Front for Progressive Force)을 구성하고 폭력시위를 주도하였다. 그러나 정부가 강력하게 대응에 나서자 진보군 국민전선의 노력은 물거품이 되었다.

　1968년 1월, 영국은 3년 내에 수에즈 동쪽의 모든 군 기지를 폐쇄한다고 선언하였다. 이 선언에는 걸프지역에 있는 정치, 군사 시설의 철수도 포함되어 있었다. 영국의 이러한 선언으로 바레인을 포함한 걸프지역의 아미르들은 안보 불안에 직면하였다. 그들은 영국이 더 머무를 것을 설득하면서, 다른 한편으로는 연방을 구성하고자 하였다. 처음에 아부다비와 두바이가 연방을 구성한다고 선언한 후, 바레인, 카타르, 다른 휴전협정국들(Trucial States)

이 아랍에미리트에 합류할 것을 제안하였다. 1968년 2월부터 1969년 10월까지 9개국(7개 휴전협정국과 카타르, 바레인) 연방을 구성할 예정이었다. 연방 구성을 위한 회합 중 바레인과 아부다비, 카타르와 두바이가 동맹을 맺었다. 카타르는 연방에서 지도국가가 되기를 원하였으니, 바레인이 반대하였다. 바레인은 경제적으로는 아부다비, 두바이, 카타르보다 훨씬 약하였지만, 사회구조나 행정서비스 체계는 훨씬 더 발전되어 있다고 자부하고 있던 참이었다. 카타르와 바레인은 주바라와 하와르(الحوار) 섬을 둘러싸고 아직도 국경분쟁을 벌이고 있다. 영국은 이란의 바레인 영유권 주장을 저지하는 데 성공하였고, 이란의 샤(Shah)는 UN의 감시 하에 바레인 국민들이 자신들의 미래를 결정하기 위한 선거를 실시하는 데 동의하였다. 선거 결과 압도적 다수가 독립을 지지하였다.[12] 이로써 바레인은 1971년 8월 15일 영국으로부터 독립할 수 있었고, 이란의 영유권 주장도 마침표를 찍었다.

1972년 6월 이사 빈 살만(عيسى بن سلمان)은 제헌의회(Constitutional Assembly)를 12월에 설립하겠다고 선언하였고, 실제로 12월에 일부는 선출로, 일부는 정부 임명으로 헌법 초안을 위한 제헌의회가 구성되었다. 1973년 5월에 헌법을 공포하였고, 그 해 말에 의회의원을 선출하는 선거를 시행하여 30명의 의회의원이 선출되었다.

그러나 급진 의회의원들이 행정부의 기능을 정지한다고 결정함으로써 의회는 구성된 지 20개월 만인 1975년 8월에 해산되었다.[13] 1970년대와 1980년대에 유가 급상승으로 바레인은 급성장하였고, 걸프지역 은행 및 금융의 중심지가 되었다. 1979년 말과 1980년 초에 친 이란 폭력 시위가 몇 차례 발생하였으나 곧 진압되었다. 1980년대 말 걸프지역 아미르국들의 경제가 침체기로 들어섰으나 바레인은 안정과 번영을 누렸다. 1986년에 바레인과 사우디아라비아 간 연륙교가 건설되면서 사업과 관광이 크게 발전하였다. 1990년대 초에 이란과 관계가 크게 호전되었으나 이라크와 관계는 악화되었다. 걸프전 때 이라크가 바레인에 스커드 미사일을 발사하였기 때문이다.

1994년에 25,000명의 서명으로 민주주의를 청원하였으나 아미르가 이를 거절하면서 11월에 마나마 서쪽 시아 마을을 중심으로 폭동이 발생하였다. 주로 시아파인 시위대는 오랫동안 제 역할을 하지 못한 의회를 재구성할 것과 더 공정한 국가 부의 분배를 요구하였다. 당시 시아 공동체의 실업률은 약 30%였다. 1995년에도 사회적 불안이 지속되었고, 1996년 1월에는 고급 호텔인 메리디앙 호텔(Diplomat and Meridien Hotel) 로비에서 폭발 사건이 발생하였다. 그 해 봄과 여름에도 여러 차례 폭발 사건이 발생하거나 폭발물이 발견되는 등 혼란이 지속되었다. 1997년에는 아시아 노동자들이 너무 많은 일자리를 차지함으로써 다수인 시아들을 차별하고 있다고 주장하면서 이에 대한 항의로 청년실업자들이 여러 차례 방화공격을 하기도 하였다.[14] 바레인 정부는 언론을 통하여 이란이 이러한 폭력을 사주하였다고 비난하였다. 그 이후 큰 소요는 없었으나 2011년 아랍의 봄 시기에 민주화 요구 시위가 발생하였다.

1994년 이후 발생한 여러 차례의 위기 결과, 통치가문에 대한 인기는 매우 떨어진 상태이며, 석유 수입도 주변 국가들에 비해 크지 않은 편이다. 그러나 바레인 사람들은 바레인이 걸프지역 최초로 근대화를 시도한 국가이자 최초의 국가관료제, 최초의 학교를 설립하였다는 자부심을 갖고 있다.

5. 바레인 헌법의 특징

1972년 12월 이사 빈 살만(عيسى بن سلمان)은 제헌의회를 설립하고, 제헌의원을 선출하여 헌법의 초안을 마련하였다. 아미르는 1973년 5월 26일 제헌의회가 만든 총 109조의 헌법을 확정 공포하였다.

그로부터 30년이 지난 2002년 2월 14일(이슬람력 1422년)에 처음으로 헌법이 개정되었다. 개정 헌법은 6편(제1편 국가, 제2편 사회의 기본구성요소, 제3편 공적 권리와 의무, 제4편 권력기관 총칙, 제5편 재정, 제6편 총칙과 최종 규정) 125조로 구성되어 있다.

국왕 하마드 빈 이사 알 칼리파는 개정헌법 서문에서 헌법 개정에 대해 '민주주의, 번영, 발전, 성장, 안정, 복지, 아랍 움마, 이슬람과 샤리아, 슈라 및 슈라의회'를 강조하였다. 이는 이슬람과 샤리아, 서구식 민주주의, 경제성장 및 복지를 결합하는 정치와 경제 체제를 지향하고 있음을 의미한다.

제1편(국가) 제1조에서 바레인 국가의 성격을 "완전한 주권을 가진 독립적인 이슬람 아랍국이고, 국민은 아랍연맹의 일원이며, 영토는 대(大) 아랍국가의 일부"라고 규정하고 있고, 제2조에서 "종교는 이슬람이고 이슬람 샤리아가 입법의 주요 원천"이라고 규정하고 있다. 이러한 내용만으로는 바레인이 이슬람국가인지 세속국가인지 구분이 되지 않으며, '대 아랍국가의 일부'라는 표현은 주권적 독립국가라는 개념과 충돌하는 것으로 보인다. 이러한 애매함과 모순은 서구의 법 형식을 도입하여 서구식 헌법을 제정하면서 발생하는 것으로 판단된다. 샤리아와 관련하여, 제2조 외에 여성과 상속 관련한 규정(제5조)에서 샤리아 규정을 따른다

고 강조하고 있을 뿐, 헌법 전문에서 샤리아란 용어를 매우 한정적으로 사용하고 있다.

개정헌법에는 사유재산권(제9조), 천연재산과 천연자원의 국유화(제11조), 인간의 존엄성과 노동의 권리 및 사회정의 원칙에 의거한 경제원칙(제13조), 공무담임권(제16조), 법 앞의 평등권(제18조), 개인의 자유 및 각종 자유권(제19조-제31조) 등 자유민주주의 내용이 헌법에 포함되어 있다. 이는 바레인이 자유민주주의를 지향하고 있음을 보여주는 것이다.

권력기관으로는 국왕(제4편 제33조-제43조), 행정부 및 내각(제4편 제44조-제50조), 입법부(제51조-제100조), 사법부(제4편 제104조-제106조)가 있으며, 각 권력 기관의 권리와 의무가 규정되어 있다. 특히 일종의 상원인 슈라의회와 하원인 하원의회로 구성되어 있는 입법부에 대한 규정이 매우 상세하게 규정되어 있고, 두 의회의 권한과 역할에 대해 상세히 규정해 놓았다. 이에 비해 사법부에 관한 내용은 매우 짧은데(제104조-제106조) 재판의 독립성, 사법최고위원회 설립, 헌법재판소 설치 등이 규정되어 있다. 재정에 관한 내용(제107조-제119조)으로는 세금, 공공요금, 국가재산의 보호와 관리 및 처분, 회계연도, 정부의 예산안 작성과 의회로의 제출, 재정 감독기관의 설치, 화폐와 금융 및 규격과 도량형, 급여·연금·배상금·보조금·보수 등이 규정되어 있다. 제6편 '총칙과 최종 규정'에서는 헌법 개정 요건과 개정 금지 조항, 국제 조약이나 협정 준수, 이 헌법의 효력 발생 시기 등이 규정되어 있다.

6. 바레인 경제 동향과 한국-바레인 관계

한국과 바레인 관계는 1976년 4월 17일 양국이 외교관계를 수립하고, 같은 해 6월 28일 주 바레인 대한민국대사관을 개설함으로써 시작되었다. 주 바레인 대한민국대사관은 1998년 대한민국이 금융위기에 직면하면서 1999년 3월 20일 폐쇄되어 주 사우디아라비아대사관에서 바레인 업무를 담당하다가 2011년 12월 재개설되어 오늘에 이르고 있다. 한편, 바레인 측은 한-바레인 외교관계에 대해서는 주 베이징 바레인대사관에서, 한-바레인 경제관계에 대해서는 주 도쿄 바레인대사관 소속 경제개발이사회(Economic Development Board) 대표부에서 관할토록 하고 있다.

바레인 경제개발위원회는 2008년 경제, 정부, 사회 분야에서의 향후 비전을 담은 국가 장기 전략 정책인 <바레인 경제비전

2030>을 수립하여 교육, 노동, 비즈니스, 연수/훈련 등의 분야 개혁을 추진함과 동시에 노동의 자국민화(Bahrainization)을 통해 자국민 실업률을 해소하기 위해 노력하고 있다. 특히 바레인 정부는 관광, 정보통신기술, 의료, 교육, 비즈니스, 금융 서비스 6개 부문의 경제 클러스터 확장 계획을 추진하고 있다. 바레인은 걸프협력위원회(GCC) 6개국 중에서도 가장 작은 국가이고, 석유 및 천연가스 매장량 및 생산량이 타 GCC 국가들에 비해 작은 편이지만 정유 수출이 총 수출의 60% 내외를 차지할 정도로 석유 관련 산업은 바레인 경제의 주축을 구성하고 있다. 바레인의 원유 매장량은 2013년 기준으로 약 1억2천4백만 배럴로(일일 원유 생산량 약 45,000 배럴) 추정되며, 가스 매장량은 약 3조m³(일일 가스 생산량 25억m³)로 추정된다.

〈바레인 경제지표〉   단위 : 백만 달러, %

	2006	2007	2008	2009	2010	2011
명목 GDP	15,810	18,423	22,092	19,267	21,700	24,400
명목 GDP 성장률	17.8	16.5	19.9	-12.8	12.6	12.4
실질 GDP	10,899	11,813	12,558	12,948	13,446	14,140
실질 GDP 성장률	6.7	8.4	6.3	3.1	4.0	5.0

자료: KITA(주동주 ·김계환 ·민혁기 민영진 빙현지 2012, 119 재인용)

걸프국가들 중 최초로 1935년에 바레인정유회사가 설립되었다. 1980년 국영 바레인석유회사(Bahrain National Oil Company)에 지분의 60%를 매각하였고, 나머지 40%는 미국계 칼텍스(Caltex)가 보유하고 있다. 바레인은 일찍부터 산업다각화 발전전략을 수립하여 주로 비석유 부문에 대한 투자를 확대해왔다(주동주 외 2012, 118-207).

특히 바레인은 이슬람금융의 허브로 잘 알려져 있다. 작은 섬나라 바레인에는 403개의 은행과 금융 기관이 있다(2015년 7월 31일 현재). 금융 분야는 전체 GDP의 약 17%를 차지하며, 금융자산 규모는 1930억달러, 금융종사자는 14,000명(이 중 2/3은 바레인인)으로, 역외금융(off-shore banking)이 주를 이루고 있다. 고급 금융 전문인력과 걸프에서 가장 발달된 금융관리 및 조정 제도, 사우디아라비아와의 인접성 등으로 인해 여전히 바레인은 걸프 금융의 중심지 지위를 지키고 있다(주 바레인 한국대사관 홈페이지).

금융기관 종류	이름
소액거래 은행	AUB (Ahli United Bank)-바레인에서 제일 큰 은행이며, 중동에서 제일 큰 은행 중 하나
	BBK (Bank of Bahrain and Kuwait)
	NBB (National Bank of Bahrain)

도매 은행	ABC (Arab Banking Corporation)
	GIB (Gulf International Bank)
이슬람 은행	Al Baraka Islamic Bank
	Lthmaar Bank
	Gulf Finance House
이슬람 금융조정 기관	AAIOFI (Accounting and Auditing Organization for Islamic Financial Institutions)
	International Islamic Finance Market
	Islamic International Rating Agency
Qhgjatk	Bahrain National Insurance
	Takaful International
	AXA Insurance (Gulf)

자료: 주 바레인 한국대사관 홈페이지
(http://nma.mofa.go.kr/korean/af/nma/policy/news/index.jsp 2015/11/23)

　　바레인 경제개발이사회(Economic Development Board)는 2015
년 3분기 보고서를 통해 바레인의 비석유분야 성장률이 3분기
3.6퍼센트를 기록하였고, 연말까지 목표치인 4.6퍼센트에 도달할
것이라고 전망하였다. 또한 교통 및 통신분야(전년대비 6.7퍼센트
성장), 건설분야(전년대비 6.4퍼센트), 서비스분야(전년대비 6.2퍼
센트)에서의 꾸준한 성장이 전체 성장을 이끌었고, 그 외에 수출
품 다양화 등 경제 다각화에서도 큰 성장을 나타냈다고 주장하였

다. 또한 2015년 6월 실업률이 3.1퍼센트(과거 7년간 최저치에 해당하는 기록)에 불과했다는 점을 들며 바레인 노동시장의 안정성을 강조하였다. 이 보고서는 노동시장 안정성의 배경에는 바레인의 대형 인프라 건설프로젝트 추진으로 인한 건설, 제조, 부동산 분야의 동반 성장이 작용했다는 점을 강조하였다(주 바레인 한국대사관 홈 페이지 참조).

〈한국의 대 바레인 수출 품목 현황〉(2015년 8월 기준)

순위	품목명	2014		2015(8월)	
		금액	증가율	금액	증가율
1	자동차(인원수소용)	164,261	25.9	49,054	-60.0
2	기타 도금 또는 코팅	5,232	4.2	4,427	116.6
3	화물자동차	2,549	3.1	3,203	42.3
4	전기 도체	14,603	-1.8	3,169	-64.7
5	기타	3,640	-2.4	2,922	39.3
6	기타 직물	3,690	1.1	2,499	-4.2
7	오일 및 기타 고온 콜탈증류생산물	0	0.0	2,094	0.0
8	철강주물제품	880	114,987.3	2,046	170.8
9	축전지	2,276	26.5	1,692	4.5
10	바트용접용연결구	1,517	743.5	1,629	0.0

자료: 한국무역협회(주 바레인 한국대사관 홈페이지 재인용)
(http://nma.mofa.go.kr/korean/af/nma/policy/news/index.jsp 2015/11/23)

한편 한국과 바레인 간 정치, 경제 관계는 타 GCC 국가들에 비해 낮은 편이다.

〈한국의 대 바레인 수출 품목 현황〉(2015년 8월 기준)

단위 : 백만 달러

	수출				수입			
	2010		2011		2010		2011	
	금액	증가율	금액	증가율	금액	증가율	금액	증가율
사우디	4,557	18.2	6,965	25.9	26,820	35.9	36,976	37.9
UAE	5,487	10.2	7,266	32.4	12,170	30.7	20,754	74.2
쿠웨이트	1,048	40.9	1,436	37.0	10,850	35.8	16,958	56.3
오만	664	25.2	907	36.6	4,096	-0.7	14,759	21.3
카타르	473	-63.9	469	-0.8	11,915	42.1	5,363	30.9
바레인	274	-3.0	231	-15.9	589	85.3	657	11.4
GCC	12,503	6.9	17,274	38.2	66,441	33.2	95,466	43.7

자료: 한국무역협회(주 바레인 한국대사관 홈페이지 재인용)
(http://nma.mofa.go.kr/korean/af/nma/policy/news/index.jsp 2015/11/23)

향후 한국-바레인 경제 관계에 큰 변화가 있을 것으로는 보이지 않는다. 기본적으로 바레인의 경제규모가 크지 않고, 우리가 가장 필요로 하는 석유와 가스의 생산도 다른 GCC 국가들에 비해 소량이기 때문이다. 그러나 <바레인 경제비전 2030>에 따른 한국-바레인 협력 분야를 적극적으로 찾아서 상호 국가이익을 추구해야 할 것이다.

〈한국의 대 바레인 수입품목현황〉(2015년 8월 기준)

순위	품목명	2014		2015(8월)	
		금액	증가율	금액	증가율
1	석유와 역청유 (원유를 제외)	472,246	3.8	183,347	-54.6
2	알루미늄합금	71,050	12.0	83,248	80.5
3	무수암모니아 또는 암모니아수	10,187	52.5	10,886	55.2
4	액화 부탄	0	-100.0	6,059	0.0
5	메탄올(메틸알콜)	1,059	0.0	6,006	0.0
6	액화 프로판	6,921	-46.3	5,730	-17.2
7	기타 갑각류	10,826	-2.6	4,474	-23.3
8	알루미늄의 판시트 및 대	5,365	-32.9	4,105	22.0
9	동의 웨이스트와 스크랩	6,048	-11.3	3,950	-11.7
10	比합금 알루미늄	4,682	-67.6	1,935	-50.8

자료: 한국무역협회(주 바레인 한국대사관 홈페이지 재인용)
(http://nma.mofa.go.kr/korean/af/nma/policy/news/index.jsp 2015/11/23)

주석

바레인, 아라비아의 진주·중동의 홍콩

1   알렉산더대왕은 서아시아에 제국을 건설하기 위한 목적으로 해군 제독 안드로스테네스(Androsthenes of Thasos)를 파견한 적이 있으나 알렉산더대왕이 일찍 사망하면서 이 계획은 중지됨.

2   로마 황제 아우구스투스(Augustus)는 양자이자 상속자인 가이우스 카이사르(Gaius Caesar)를 걸프지역에 파견함. 그러나 당시 그리스와 로마 정책의 중심은 유럽, 아프리카, 지중해에 있었음.

3   기원전 6세기 퀴루스대왕(Cyrus the Great)이 건설한 페르시아제국이 걸프에 진출함. 이 시기부터 걸프의 동쪽 해안과 서쪽 해안, 페르시아인과 아랍인 간 정치적 경쟁이 있었고, 인적 교류가 활발해지면서 서로 섞여 살게 되었음.

4   주요 이야기 180편과 짧은 이야기 108여 편이 있다. 6세기경 페르시아 사산왕조 때 모은 《천의 이야기》가 8세기 말경까지 아랍어로 번역되었다. 여기에 바그다드를 중심으로 다시 많은 이야기가 추가되었고, 그 후 이집트의 카이로를 중심으로 계속 발전하여 15세기경에 완성된 것이라고 한다. 페르시아에는 인도로부터 설화가 많이 들어왔다. 인도, 이란, 이라크, 시리아, 아라비아, 이집트 등에서 유래한 갖가지 설화가 포함되어 있고, 그리스인과 유대인의 영향도 있는 듯하며 구성 또한 매우 복잡하지만 아랍와 이슬람 사상으로 통일되어 있는 점이 특징이다. 1703년 갈랑이 프랑스어판을 낸 이후 전세계에 퍼졌고 각국의 문학가뿐만 아니라 민중에게 끝없는 흥미와 꿈을 심어주었다. 갈랑은 본래 <아라비안 나이트>에 없던 '알라딘과 요술 램프', '알리바바와 40인의 도둑' 등의 이야기를 임의로 삽입하였다. 이 밖에도 연애 이야기·범죄 이야기, 여행담, 신선담, 역사 이야기, 교훈담, 우화 등이 포함되어 있다(자세한 것은 두산백과 참조).

5   세버린(Tim Severin)은 1980년에 초기 아랍 항해사들의 항해를 증명하기 위하여

코코넛 밧줄과 목재로 상선을 제조하여 오만에서 중국까지 '신드바드 길 (Sindbad route)'을 항해한 적이 있다. 그는 이 경험을 *The Sindbad Voyage* (London, 1982)에 기록하였다(Rosemarie Said Zahlan 2002, 9).

6   바스코 다 가마는 1497-1499년, 1502-1503년, 1524년 3차례에 걸쳐 인도로 항해 하였다. 그는 유럽에서 아프리카 남해안을 거쳐 인도까지 항해한 최초의 인물이 다. 인도까지 이르는 항로를 최초로 발견한 유럽인으로도 불린다. 1497년 4척으 로 된 탐험대를 구성하여 리스본을 떠나 남아프리카의 희망봉을 돈 후, 다음해 5 월 인도의 캘리컷에 도착하였다. 이 항로를 '인도 항로'라고 하는데 유럽인이 아 시아에서 활약하는 데 커다란 발판이 되었다. '인도 항로'의 개척은 포르투갈 해 상제국의 기초가 되었다.

7   포르투갈은 1515년에 홍해 항해를 위하여 호르무즈에 페이토리아 요새를 건설함.

8   팔레비왕조와 현 이란이슬람공화국은 이러한 역사적 사실에 기반하여 이란의 바 레인 소유권을 주장함.

9   이란의 부셰흐르에 주둔하고 있던 영국 총독부는 1946년에 바레인으로 옮김.

10 바레인 헌법 제1조 2항과 3항

11 페르시아인이 어느 순니의 시계를 훔친 사건을 계기로 폭동이 발생하였다. 영국 은 이를 계기로 정책 변화를 시도하였다. 그러한 변화의 첫 번째가 통치자 교체 였다(Rosemarie Said Zahlan 2002, 63).

12 영국과 이란의 이러한 체면 세우기 협상 내용은 비밀이었으나 샤가 사망 한 후 알려졌다. 이 협상에서 이란은 오랫동안 주장해 왔던 바레인 영유권을 공식적으 로 포기하였다.

13 당시 정치 조직으로는 인민블록(People's Bloc)과 종교블록(Religious Bloc)이 있 었는데, 아랍 민족주의자, 사회주의자, 공산주의자들로 구성되어 있던 인민블록 이 노동자의 권리, 범 아랍 정책을 지지하였다. 국민통합위원회(Committee of National Unity)의 후계 그룹인 인민블록은 노동자, 학생, 지식인의 지지를 받고 있었고, 순니와 시아를 포함하고 있는 가장 큰 정치조직이었다.

14 바레인 군도의 본래 주민들은 시아파이고, 우툽 부족(아라비아반도 나즈드 지역에 기원을 가지고 있는 아랍 부족 연합으로서 바니 우투바라고도 함. 16세기에 페르시안 걸프로 이주함.), 하왈라 부족(1783년 칼리파 가문과 함께 이주한 동맹 부족은 순니파임.), 그 외 루마히 부족(Al Rumahi), 무살람 부족(Al Musallam), 수단 부족(Sudan), 도와시르 부족(Al Dowasir)이 순니파 부족임. 쿠웨이트의 사바흐 가문과 바레인의 칼리파 가문은 모두 우툽 부족의 분파임.

참고문헌

Rosemarie Said Zahlan(2002). *The Making of the Modern Gulf States: Kuwait, Bahrain, Qatar*, the United Arab Emirates and Oman, Ithaca Press.

Crystal, Jill(1990). *Oil and Politics in the Gulf: Rulers and Merchants in Kuwait and Qatar*, Cambridge, Cambridge University Press.

Crystal, Jill(1995). *Oil and Politics in the Gulf: Rulers and Merchants in Kuwait and Qatar*, Cambridge, Cambridge University Press.

Halliday, Fred(2002). *Arabia without Sultans,* London: Saqi Books.

Department of Information and Research Ministry of Foreign Affairs(2007). *Qatar Year Book 2006*, Doha.

Robison, Gordon & Greenway, Paul(2000). *Bahrain, Kuwait & Qatar*, London. Lonely Planet.

주동주 · 김계환 · 민혁기 · 민영진 · 빙현지(2012). "중동 GCC 산업다각화 전략과 한국의 협력", 『산업연구원 정책자료 2012-160』.

주바레인 한국대사관홈페이지 (http://nma.mofa.go.kr/korean/af/nma/policy/news/index.jsp 2015/11/23)

"천일야화", 두산온라인대백과(검색: 2015년 11월 30일).

찾아보기

명지대학교 중동문제연구소 중동국가헌법번역HK총서06

바레인 헌법

등록 1994.7.1 제1-1071
1쇄 발행 2016년 1월 30일

기 획   명지대학교 중동문제연구소(www.imea.or.kr)
옮긴이   김종도 정상률 임병필 박현도
감 수   김주영
펴낸이   박길수
편집인   소경희
편 집   조영준
디자인   이주향
관 리   위현정
펴낸곳   도서출판 모시는사람들
          03147 서울시 종로구 삼일대로 457(경운동 수운회관) 1207호
전 화   02-735-7173 02-737-7173 / 팩스 02-730-7173

인 쇄   상지사P&B(031-955-3636)
배 본   문화유통북스(031-937-6100)
홈페이지 http://www.mosinsaram.com/

값은 뒤표지에 있습니다.
ISBN 979-11-86502-41-9   94360
ISBN 978-89-97472-43-7   94360 [세트]

이 도서의 국립중앙도서관 출판시도서목록(CIP)은 e-CIP 홈페이지 (http://www.nl.go.kr/ecip) 에서 이용하실 수 있습니다. (CIP 제어번호 : 2016000141)